LILIANA COROBCA

DER ERSTE HORIZONT MEINES LEBENS

Roman

Aus dem Rumänischen
von Ernest Wichner

BÜCHERGILDE
GUTENBERG

Die Originalausgabe erschien erstmals 2013 unter dem
Titel *Kinderland* bei Editura Cartea Românească, Bukarest.
Dieses Buch erscheint mit Unterstützung des Programms TPS
des Rumänischen Kulturinstituts in Bukarest.

INSTITUTUL
CULTURAL
ROMÂN

Lizenzausgabe für die
Büchergilde Gutenberg Verlagsgesellschaft mbH,
Frankfurt am Main, Zürich, Wien
www.buechergilde.de
Mit freundlicher Genehmigung
des Paul Zsolnay Verlags, Wien

Satz: Eva Kaltenbrunner-Dorfinger, Wien
Druck und Bindung: CPI books GmbH, Leck
Printed in Germany 2016
ISBN 978-3-7632-6869-6

Der erste Horizont
meines Lebens

Die Zecke klebte am Bauch, gleich neben dem Nabel, trank das Blut des Kindes. Das Mädchen, eher vom Gebrüll des Bruders verängstigt denn von jenem schwarzen Punkt, machte sich auf, Hilfe zu holen. Normalerweise hätten die Schreie, wenn nicht das halbe Dorf, so doch zumindest den ganzen Dorfrand herbeieilen lassen, aber nun war niemand gekommen. Sie hätte die Zecke zwar herauslösen können, aber wenn der Kopf stecken blieb und eine andere nachwuchs, eine viel größere … oder, Gott bewahre, sie schlüpft ganz hinein und lebt dort, wo sie niemand herausholen kann, und der Bruder stirbt, ausgesaugt von einer Zecke.

Anfangs hatte das dritte Kind, der kleinere Bruder, der oftmals vom anderen verprügelt oder ungerecht behandelt wurde, mit einiger Genugtuung dem Spektakel zugesehen. Er war immerzu um den größeren Bruder herumgelaufen und hatte den Grund herausfinden wollen, der diesen so ausdauernd weinen und schreien ließ. Dabei schaute er sich ringsum, schaute hinauf und hinunter, ob es nicht auch für ihn angebracht sei, zu klagen, aber er hatte tatsächlich nichts gesehen. Dans hochgezogenes Hemd, sein nackter und der Sonne ausgesetzter Bauch konnten ihn weder beeindrucken noch erschrecken. Nicht einmal der schwarze Punkt, zu dem sich sein Bruder so tragisch hinunterbeugte, interessierte ihn, er verstand nicht, weshalb ein so großer und kräftiger Bruder vor einem schwarzen Punkt erschrak, der sich an seinen Bauch geheftet hatte. Dann verschwand der kleine Junge.

Das Mädchen ging hinaus auf die Straße. Es könnte bei den Nachbarn hineinrufen, aber zu dieser Zeit sind sie nicht zu Hause. Etwas weiter weg wohnt die Großmutter einer Mitschülerin, aber auch die wird jetzt nicht zu Hause sein, außerdem sieht sie nicht mehr gut genug, um auch den Kopf der Zecke mit herauszulösen. Auf der Suche nach einer passenden Person ging das Mädchen die Straße hinab. Es rief bei Onkel Vasile hinein, aber es antworteten bloß die Hunde des gesamten Dorfrands. Bei all dem gemeinsamen Gebell der Hunde blieb es still in den Häusern, es wurden keine Türen oder Gartentore zugeknallt, niemand öffnete, um nachzusehen, wer da rief und warum. Gewöhnlich hörten es alle, wenn jemand auf ihrer Straße etwas rief, und es fand sich mindestens eine Person, die antwortete: Die gesuchte Person ist nicht zu Hause, sie ist eben in den Weingarten gegangen, zu ihrem Paten oder woandershin. Am Ende der Straße sah es in einem Hof eine Mutter, die Wäsche wusch. Es wusste nicht, wie sie hieß. Aber es öffnete geräuschvoll das Tor, und die Frau schaute fragend hoch.

Guten Tag. Wollen Sie uns nicht eine Zecke entfernen?

Die Frau rümpfte angewidert die Nase und antwortete:

Ich entferne keine Zecken.

Und ging schnell ins Haus.

Das Mädchen blieb beim Brunnen stehen. Vielleicht kommt jemand, der Durst hat, Wasser holen. Es würde dort stehen bleiben und warten.

Mittlerweile hatte der kleinere Bruder dem größeren dessen

Lieblingsspielzeug gebracht. Der mit der Zecke ignorierte ihn. Ihm war jetzt nicht nach Spielen.

Dan schien nicht mehr mit dem Weinen aufhören zu wollen. Irgendwann hatte er solche Insekten umgebracht, die sein Vater aus dem Fell der Schafe herausgeholt hatte. Vater hatte ihm gesagt, wenn man die nicht herausbekommt, saugen sie das ganze Blut des Tieres auf, bis keines mehr übrig bleibt. Dan stellte sich vor, wie die hungrige Zecke sein Blut saugen und sich in eine Art großen Ballon verwandeln würde, und er, klein, ausgezehrt, ein Häuflein Knochen, könnte nur noch hilflos mit den Armen und Beinen wedeln, während sich die Zecke in die Luft erheben und schließlich in den Himmel aufsteigen würde. Hunderte vom Blut der Kinder aufgedunsene Zecken schweben im freundlich heiteren Himmel, und die Kinder weinen, dünn und vertrocknet kleben sie an dem unbarmherzigen Ungeziefer. Dan schaute auf seine Zecke, die tatsächlich nicht größer war als der halbe Fingernagel seines kleinen Fingers, eigentlich war sie nicht einmal so groß wie eine Bohne, aber er hatte trotzdem das Gefühl, kein Blut mehr im Leib zu haben.

Marcel fiel der schöne Apfel ein, den er vorgestern gefunden und versteckt hatte, um ihn ganz allein zu essen, ohne mit den Geschwistern zu teilen. Der Apfelbaum der Nachbarn trug in diesem Jahr, und hin und wieder fiel ein Apfel auch in ihren Garten. Sommeräpfel, süß und mit rosa Fruchtfleisch. Als Dan den Apfel sah, machte er eine Geste, die besagen sollte: Was ist schon dein Apfel angesichts meines Schmerzes! Dann begann Marcel aus brüderlicher Solidarität ebenfalls zu schluchzen.

Ein Pferdewagen hielt beim Brunnen. Ein Mann holte einen Eimer Wasser herauf, trank und benetzte anschließend die Schnauze des Pferdes. Auch er schaute das Mädchen an, das seine Augen fest auf ihn gerichtet hatte. Groß, dünn, hässlich, der Mund zahnlückig, nur ein paar vereinzelte Zähne, das Haar schütter und grau, große Schlappohren, er hätte den Tod mit der Sense spielen können, wenn da auch eine Sense auf dem Wagen gewesen wäre. Auch das Pferd war dünn, irgendwann einmal grau, nunmehr schmutzig, erdig-grünlich, mit langen gelben Zähnen, als sollten sie die seines Herrn wettmachen.

Wollen Sie nicht eine Zecke herausholen?

Doch, warum nicht. Wo ist sie?

Dort, und Cristina wies zu ihrem Gartentor.

Wem gehörst du?

Dem Victor Dumitrache.

So, so, bist das Mädel von Victorchen? Ich hab dich im Wagen spazieren gefahren, als du klein warst, damals hab ich einen schönen und runden Hengst gehabt … Und dein Vater ist beim »langen Geld«? Das Mädchen bejahte. Und hat euch dem Raub der Zecken überlassen. Wieder bejahte das Mädchen.

Als sie den Mann eintreten sahen, verstummten die beiden Brüder, vergaßen auf das Weinen.

Wo bist du, Zecke?

Dann sah er den Apfel.

Was, will er deinen Apfel nicht? Komm, wir geben ihn dem Pferdchen, das mampft ihn sofort!

Das kleine Kind hielt den Apfel noch einmal dem größeren

hin, das, vor die Wahl gestellt, selber den Apfel zu essen oder ihn dem Pferd zu überlassen, wortlos den Apfel an sich nahm. Immerhin flößte der Mann ihm mehr Angst ein als die Zecke.

Was, das ist eine Zecke, na so was, klein wie ein Ameislein! Komm, gib mal her!

Dann wandte er sich an das Mädchen:

Hast du Schnaps oder Odekolon?

Sie hatte und ging den Alkohol holen. Der will saufen, sich betrinken und mir die Brüder über den Zaun werfen.

Der Mann rückte näher zum leidenden Kind heran, klapperte wütend mit seinen paar Zähnen die Zecke an, was den Kleinen hinter das Haus fliehen ließ, von wo er nach einer Weile vorsichtig um die Ecke lugte, es war nichts mehr zu hören gewesen, und er war neugierig.

Im Nu hatte der Mann die vollgesogene Zecke mit seinen schmutzigen Fingernägeln gepackt und zu Boden geworfen, worauf er sich den Bauch des Jungen gründlich anschaute.

Ich habe sie samt ihres Kopfes rausgeholt, sagte er zufrieden. Zertritt sie nun mit dem Fuß.

Und weil der Junge sich nicht rührte, rief er den Kleinen:

Komm her, Rotznase, schau dir die Zecke deines Bruders an.

Aber auch der nahm diese Einladung nicht an. Das Mädchen kam mit der Schnapsflasche heran, der Mann goss sich daraus etwas in die Handfläche und rieb den Bauch des Kindes damit ab.

Fertig, zertritt du sie, wandte er sich an das Mädchen.

Das Mädchen trat gewissenhaft zu, hüpfte noch ein paar Mal auf das Ungeziefer drauf.

Und du sagst, dein Vater ist nicht zu Hause.

Die Kinder nickten.

Arbeitet. Drei Kinder, das ist kein Scherz. Und deine Ma? Arbeitet auch. Haben euch drei gemacht und sich verstreut, jeder irgendwo anders, redete der Mann auf dem Weg zum Tor vor sich hin. Auch meine ist weggegangen, und die Kinder sind auch gegangen. Ich bin allein geblieben, zum Glück hab ich mein Pferd. Los, Stute, nach Haus mit uns.

Eine Weile war noch das Geräusch der Räder zu hören, dann wurde es still.

Das Mädchen goss sich etwas Alkohol aus der Flasche in die hohle Hand und rieb den Bauch des Bruders ab, der würdig und reglos dasaß und in die Ferne schaute. Gewiss, wenn der Vater zu Hause gewesen wäre, hätte sich keine Zecke an ihn geheftet, geschweige denn, dass sie ihm unter die Haut geschlüpft wäre. Er empfand eine Art Unzufriedenheit, dass alles so einfach und so schnell zu Ende gegangen war, wo er doch einen Vorwand hatte, unglücklich zu sein, trostbedürftig und wichtig.

In ihrer Straße gibt es so wenige Kinder, dass man nicht einmal jemanden hat, dem man Raupen auf den Kopf tun kann oder Käfer unters Hemd, man hat niemanden, mit dem man mal so richtig eine Kröte aufblasen könnte. Der kleinere Bruder langweilt ihn, der fürchtet sich nicht mehr vor Raupen und Käfern. Wenn du sie dem ins Hemd steckst, lacht er wie ein Idiot vor Freude darüber, dass sein Bruder mit ihm spielt und ihn beachtet. Auch mit der größeren Schwester kann er nicht spielen, nur dann, wenn sie es selber will, und wie sie es will, und wenn ihr etwas nicht passt, kann sie dich gleich mit einem Rempler in den Rücken oder einem Tritt in den Hintern zur Ordnung rufen. Außerdem verjagt die größere Schwester alle Jungs, mit denen Dan spielt. Jetzt sagt er ihr nicht mehr, wer ihn schlägt, denn sonst riskiert er, niemanden mehr zum Spielen zu haben, weil die Jungs ihn meiden, sie erinnern sich an die Schubser und Prügel, die ihnen die Begegnungen mit seiner rauflustigen Schwester eintrugen. Selbst Dan wundert sich: Wie schafft es Cristina, so schwächlich und klein, nichts als Haut und Knochen, dass man meinen könnte, der Wind müsse sie wegwehen, ein paar große, dicke und kräftige Strolche davonzujagen, die zu Hause sogar noch Vater und Mutter haben? Auch er hat sie einmal gesehen und ist erschrocken. Sie regte sich auf, ging in Stellung, fuhr die Krallen gegen den Feind aus, als hätten sich alle möglichen Bestien in ihr versammelt, dann ließ sie einen dermaßen spitzen Schrei los, dass ihre Stimme einem das Trommelfell hätte zerreißen können, und die Schnelligkeit, mit der sie auf den unvorbereiteten Feind losging, schlug diesen in die Flucht, unabhängig davon, wie groß oder stark der sein mochte.

Cristina hat auch heute noch ein kleines Mal auf der Wange, eine Narbe, die von einem eingebildeten Jungen herrührt, den sie lächerlich gemacht hatte. Sie hatte gesehen, wie dieser Dan schlug, ihren geliebten Bruder, den niemand außer ihr verteidigen konnte. An einem regnerischen Tag, als er schön gekleidet, im blauen Hemd, und zwischen zwei Mitschülern, einem Jungen und einem Mädchen, von der Schule kam, lauerte sie ihm auf. Cristina wartete neben einer Pfütze, und als die drei näher kamen, stieß sie den Prügler in den Dreck, was die beiden anderen losprusten ließ. Der aber beschloss, ihr bei nächster Gelegenheit den Kopf einzuschlagen, damit sie, die Kümmerliche und Hässliche, wisse, was es heißt, ihn in den Morast zu werfen. Als sich eine Gelegenheit ergab, bombardierte er sie mit Steinen, bis ihr ganzes Gesicht blutete, er es mit der Angst zu tun bekam und davonrannte. Cristina freute sich, bei der Menge an Steinen, die er für sie vorbereitet hatte, wäre sie nicht mehr heil nach Hause gekommen. Und wer kümmerte sich dann um die Brüder? So war sie mit einer blutenden Wange davongekommen, aber er hätte sie auch ins Auge treffen, ihr den Schädel einschlagen können. Die Wange verheilt wieder. Sie legte ein nasses Handtuch aufs Gesicht und dachte an den nächsten Racheplan.

Der Junge wohnte nicht weit von ihrem Haus entfernt, größere Brüder hatte er nicht, auch keinen Vater, nicht einmal einen, der weggegangen war um »langes Geld«, und seine Mutter war auf Arbeitssuche in die Stadt gezogen. Er lebte zumeist bei einer bösen Großmutter, die ihn zur Arbeit anhielt und hin und wieder verprügelte, damit er nicht verdirbt. Sie wusste nicht mit Gewissheit, wie er hieß, vielleicht Aurel. Er war in einer höheren Klasse.

Es hieß, früher, als Mutter zur Schule ging, habe es zwei Parallelklassen gegeben, eine Klasse A und eine Klasse B, und zur Zeit der Großeltern hatte es sogar eine Klasse C gegeben. Sehr viele Kinder muss es damals gegeben haben! Jetzt kriegt man mit Mühe aus drei, vier Dörfern eine Klasse zusammen, die

Lehrer kommen ans Gartentor und bitten die Kinder, in die Schule zu kommen. Früher lernten die Kinder, Gasmasken zu tragen, mit dem Gewehr zu schießen, sie suchten in den Wäldern nach versteckten hölzernen Granaten, organisierten schulisch-militärische Wettbewerbe. Auch die Mädchen schossen mit dem Gewehr; wenn sie zu schmächtig oder zu klein waren, legten sie sich auf den Bauch und visierten ihr Ziel im Liegen an. Es wurden Gruppen für Erste-Hilfe-Leistungen gebildet. Man musste wissen, wie man Kranken medizinischen Beistand leistet, wozu die Heilpflanzen taugen, wie man einen Verwundeten mit Knochenbrüchen wegträgt und wie man einen Ohnmächtigen künstlich beatmet. Cristina hatte das eine oder andere von Mutter und von Großmutter gelernt, damit sie gegebenenfalls ihren Brüdern beistehen konnte. Als sie sich eines Sommers darangemacht hatte, den Gurken Wasser zu geben, stolperte sie über einen dicken, verrosteten Draht, der ihr ins Bein stach. Sie hatte nicht einmal die Wunde gespült, war viel zu erschrocken über das viele Blut. Sie fand ein großes Auberginenblatt, wischte es mit dem Handrücken ab, es war ohnehin sauber, und legte es über die Wunde. Das Blatt blieb am Bein haften, und Cristina bewässerte weiter die Gurken. Als sie sich an die Verletzung erinnerte, war das Blatt schon sehr trocken, wie das Heu winters, und von der Wunde war nur noch ein schmaler Wulst übrig geblieben, mehr nicht. Als wäre ihr nichts geschehen. Mutter sagte zu ihr: Schnell, man tut alles schnell. Schnell verbinden, schnell abwaschen, wenn man ein Kleidungsstück oder ein Tischtuch befleckt hat. Wenn du den Fleck sogleich auswäschst, geht er ganz leicht wieder raus, ohne größere Mühe …

Seit einiger Zeit saß Aurel gleich neben ihrem Nussbaum, hinter ihrem Zaun, mit zwei anderen Jungs zusammen und spielte Karten. Cristina hat ihn ein paar Mal beobachtet, und dabei ist sie auf die grausamste Rache für die verletzte Wange gekommen. Während er auf der anderen Seite des Zaunes unter dem Nussbaum sitzt, wird sie ihm ganz gemächlich weiche und stinkende Kuhscheiße direkt auf den Kopf schütten. Die Kühe gehen zweimal am Tag auf der Straße vorbei und lassen je einen großen Fladen zurück. Sie wird sich einen mit der Schaufel holen und hinter den Zaun legen. Nicht nur, dass der zum Verrecken stinkt, er hat auch eine intensive Farbe, ein Grün, das man mit nichts wieder wegkriegt. Also wird sie ihm auch die Klamotten verderben. Sie empfand sich schon als gerächt und triumphierend. In Gedanken spielte sie die Szene schon durch, folgte dem jämmerlichen Feind, der weinend zu seiner hilflosen Großmutter rannte. Den Kuhfladen aufzulesen war kein Problem, aber sie musste darauf achten, dass er nicht vertrocknete, dass er weich war, damit er über das Gesicht, die Ohren, den Hals und bis unter den Hemdkragen des Feindes rinnen konnte. Die Jungs kommen bestimmt jeden Donnerstag und Freitag so gegen drei, vier Uhr und gehen abends, wenn es dunkel wird. Mit einer Hacke schob Cristina einen Kuhfladen auf die Schaufel und legte ihn hinter den Zaun. Die Jungs, die nichts von dem stechend riechenden und bedrohlichen Kuhfladen merkten (und er stank widerwärtig), setzten sich auf der anderen Seite des Zaunes unmittelbar neben die volle Schaufel, sodass Cristina nicht mehr zu tun hatte, als darauf zu achten, Aurel zu treffen und nicht etwa einen der beiden Unschuldigen. Das Mädchen schlich hinter den Zaun und spitzte die Ohren. Die drei hatten mit dem Kartenspiel begonnen und fluchten wie ganze Männer. Dann erzählten sie bewundernd von einem ihrer Mitschüler, der getrockneten Tabak gefunden (er hatte in den Kleidern gesteckt, gegen die Motten), diesen in Weinblätter gewickelt und ein paar Züge getan hatte, aber was sollte das, das war doch kein Rauch, das war was für Säuglinge! In ihrer Klasse gab es Jungs, die auf dem Klo echte Zigaretten rauchten, teure, und den anderen floss der Speichel vor Lust. Cristina langweilte sich beim Zuhören, sie hob die Schaufel hoch und stützte sie unmittelbar über Aurels Kopf auf den Zaun. Sie verharrte einen Moment lang mit der erhobenen Schaufel, dann überlegte sie es sich. Wenn der Feind hilf- und wehrlos ist, vergibt sie und schlägt nicht zu … Sie ist viel stärker, wenn sie verzeiht. Stolz und zufrieden, dass sie solch ein korrektes und großherziges Mädchen ist, nahm sie die Schaufel und entleerte sie unter einem Baum im Garten, damit er mit solch einem natürlichen Dünger besser gedeihe. Dann ging sie mit einem Eimer hinaus auf die Straße und holte Wasser vom Brunnen. Die Jungs haben sie nicht einmal bemerkt.

Liebe Eltern!
Wie schwer vergehen die Tage ohne euch! Heute ist Sonntag.

Ich weiß, was wir heute tun werden. Wir machen einen Ausflug ans andere Ende des Dorfes und schauen uns Kamtschatka an. So heißt das Haus von Ghiță, seitdem ihm sein Vater zwei neue Brüder mitgebracht hat, zwei wilde Kinder aus dem fernen Russland. Sie sind schwärzlich, gedrungen und rundlich, obwohl der Größere fast schon sieben ist und in die Schule geschickt werden muss. Sie brabbeln untereinander, und niemand versteht sie. Sie haben schmale, schräg stehende Augen, wie etwas größere Knopflöcher an den Winterjacken, und deshalb hat der Größere den Spitznamen Knopfloch bekommen. Der Kleinere wird Hündchen genannt, der hält sich zumeist unter dem Tisch auf und kriecht mehr auf allen vieren herum als er aufrecht geht, auch jault er eher als dass er spräche. Wir wissen nicht, wie alt Hündchen ist, vielleicht drei oder vier …

Ghiță sagt, das sind nicht seine Brüder. Sie machen ihn lächerlich, und er verhaut sie ganz schön. Die Leute im Dorf gehen hin, sie anzuschauen, wie im Zirkus, sie aber halten sich unter dem Tisch auf und strecken bloß manchmal den Kopf hervor, wie verschreckte Tiere. Dort bleiben sie den ganzen Tag, selbst wenn Ghiță mit dem Besen nach ihnen stochert, damit sie herauskommen. Die Leute werfen ihnen Brot hin, Äpfel, Nüsse, und sie zernagen das dann dort unter dem Tisch. Auch wir sind nicht mit leeren Händen hingegangen, wir haben eine Packung Kekse gekauft, und Dan hat sie dem Kleinen gegeben. Marcel schlüpft auch unter den Tisch und spielt dort. Unter dem Tisch gibt es eine ganze Konstruktion, mit einem langen und dicken Schaffell, einem Schemel als Tisch und vielen wirklichen oder improvisierten Spielsachen. Das Tischtuch ist so lang, es reicht bis hinunter auf den Teppich, sodass es alles verdeckt, was es dort unter dem Tisch gibt. Die Kinder können sagen, wie sie heißen, und wenn sie lachen, haben sie Grübchen in den Wangen. Ich vergesse sofort, nach drei Sekunden, was sie für einen Namen genannt haben. Man kann ihn sich unmöglich merken. Dan ist etwa so alt wie Knopfloch, und er hatte den Einfall, ihn unter dem Tisch hervorzuholen und mit ihm zusammen schreiben zu lernen. Der ist kurz herausgekommen, aber das Schreiben hat ihm nicht gefallen, also ist er wieder unter den Tisch zurückgekehrt.

Ghiță war nicht zu Hause, ich hätte ihn sonst nach der Schule gefragt, denn wir sind in einer Klasse. Ich fühlte mich nicht wohl. Am liebsten wäre auch ich unter den Tisch gekrochen, aber da war kein Platz mehr. Als wir gehen mussten, wollte Marcel nicht mehr rauskommen, so gut hat es ihm dort gefallen. Dan hat ihn gegen seinen Willen herausgezerrt. Ich fürchte mich, meine Brüder zu lange bei diesen Kindern zu lassen. Was, wenn die eine Krankheit haben … wenn die aus ihrem Kamtschatka einen Virus mitgebracht haben? Halten sich die ganze Zeit unter dem Tisch auf, und wann waschen sie sich? Ghiță meint, ihr Organismus ist von solch einer Natur, dass sie sich nur einmal in jeder Jahreszeit waschen. Es heißt, ihr Vater habe die Kinder mit einer jungen Einheimischen gemacht, ich glaube, die hat nicht gerade gut ausgesehen, wenn ich bedenke, wie sie ausschauen. Ihre Großmutter sagt, die Einheimische habe sie schon gehabt, als sie Ghițăs Vater begegnet ist.

Ghițăs Mutter ist unterwegs, aber nicht allzu lange, denn früher hat ihr der Mann Geld geschickt, und sie saß zu Hause wie eine Dame. Dann kam immer weniger und weniger Geld an. Also wurde es mit jemandem geteilt, das ist, wie alle Welt weiß, ein sicheres Zeichen. Aber dass man fremde Kinder nach Hause mitbringt und die ganze Familie der Lächerlichkeit preisgibt …

Wenn Vater zurückkehrt, werde ich ihn bitten, all seine Eskimos, Mongolen, Karelier, Portugiesen und anderen Schlitzaugenwechselbälger, sofern er welche hat, dort zu lassen und uns nicht dem Spott und der Lächerlichkeit auszusetzen. Auch unsere Mutter ist weggegangen von zu Hause, weil Vater nicht genug Geld mitbrachte. Ghițăs Mutter verkauft nun in der Stadt Nüsse, das bringt am meisten ein, denn Nüsse sind teuer und verderben nicht schon am nächsten Tag. Immerhin hat sie vorerst einiges Geld, sie hat es von ihrem Mann verlangt, wegen der mitgebrachten Kinder. Sie sagte, wenn er ihr kein Geld gibt, bringt sie die Kinder in den Wald und setzt sie dort aus, damit die Wölfe sie fressen. Denn seit sie die gesehen hat, plagen sie Nacht für Nacht Albträume. Sie hatte es sattgehabt, die eigenen Kinder allein zu erziehen, und da schleppt ihr der Hurenbock noch eine Fuhre wilder Schlitzaugenkinder an, die nicht sprechen und sich nur unter dem Tisch aufhalten.

Was war das anfangs für ein Skandal … Die Leute gehen zwar weg, um Geld zu verdienen, aus jeder Familie arbeitet jemand im Ausland, und die Männer huren auch mal rum, denn, was soll's, sie sind fern von ihren Familien und haben ihre Gelüste und Bedürfnisse, aber sie machen nicht alle gleich Kinder, wo sie doch kaum etwas haben, womit sie zu Hause die eigenen durchbringen können. Und wenn es halt doch passiert, na, was kann man dann schon tun, aber lass sie dort im hintersten Sibirien, soll sie doch die Frau bei sich behalten, die sie geboren hat. Sind es nur wenige aus unserem Dorf, die dort, wo sie hingelangen, die Demografie verbessern? Wie viele mögen reingefallen sein … Nein, er bringt sie mir nach Hause, um mich lächerlich zu machen, damit es das ganze Dorf weiß …

Und nicht bloß eines, gleich zwei. Und nicht mit einer dicken und schönen Russin, sondern mit einer Tschurkin, oder was sie auch sonst sei … Und schleppt mir diese spreizbeinigen, kompromittierenden Missgeburten hier an, diese Stotterer, Wechselbälger, die einem böse Träume bescheren bei Nacht … Eigentlich sind die gar nicht so hässlich, wenn sie lachen, kriegen sie sogar Grübchen an den Wangen. Haben sich angeblich dermaßen gestritten, dass sie sich beinahe geprügelt hätten. Ghițăs Vater ist ein sanftmütiger Mensch, deshalb steigen ihm alle Frauen aufs Dach. Er hat seiner Frau versprochen, keine weiteren Kinder mit der Tschurkin zu machen. Und sie werde sie, sobald es irgend geht, zurücknehmen. Auch muss nicht sie sich um sie kümmern, sondern die Großmutter, also seine Mutter. Und er gibt ihr genug Geld. Ghițăs Mutter, fuchsteufelswild, ist in die Stadt verschwunden.

Wie verlogen und verzärtelt Dan war, als er klein war! Auch war er dick wie ein Kürbis, rollte eher als dass er gegangen wäre. Die Eltern waren zu Hause, und ich schlug ihn nicht, drohte ihm nur, aber es reichte, dass ich ganz leicht die Augenbrauen hochzog, und er begann sogleich zu klagen. Besser gesagt, zu brüllen, und zwar so laut wie möglich, damit Mutter angerannt kam und sah, was geschehen war: »Sie hat mir mit der Faust in den Magen geschlagen« oder »hat mir die Faust auf den Kopf gehauen«. Mutter ärgerte sich schrecklich und fragte: »Warum hast du ihn geschlagen, dazu noch mit der Faust, siehst du denn nicht, dass er noch klein ist?« Je mehr Mutter mit mir schimpfte, umso zufriedener war Dan. Lass nur, dir werd ich's zeigen! Ich wartete, dass Mutter wegging, und dann ging's los, Tritte in den Hintern. Aber nun weinte Dan nicht mehr, denn Mutter hätte ihn ohnehin nicht gehört. Er rannte davon und versteckte sich.

Einmal hat er eine Kanne zerschlagen und sie unter dem Tisch versteckt. Er wartete, bis Mutter fegte, und begann dann zu schreien und mit dem Finger auf mich zu weisen: Tina, Tina! Also ich, Cristina, hätte sie zerbrochen. Mutter glaubte ihm nicht. Er aber stand da und wartete, dass Mutter mich ausschimpft oder schlägt. Mutter rief mich herbei, aber sie wusste, dass nicht ich, sondern er der Verursacher des Schadens war, und sie tat so, als schimpfte sie mit mir, um zu sehen, was Dan tun würde. Er ahmte Mutter nach, die den Zeigefinger tadelnd erhoben hatte, als hätte ich tatsächlich, oje, die Kanne zerbrochen.

Ich sagte: Welche Kanne, nicht ich!

Dann Mutter: Du vielleicht, Dan?

Nein, Tina, Tina!

Komm, fragen wir die Kanne. Kanne, Kanne, wer hat dich zerbrochen?

Und ich flüsterte leise:

Daaan!

Siehst du, die Kanne sagt, du hast sie zerbrochen.

Und als Dan zu weinen begann, konnten wir ihn nicht mehr beruhigen. Ich glaube, ihn hatte erschreckt, dass die Kanne die Wahrheit gesagt hat, er hat sich nicht geschämt, gelogen zu haben!

Als ich klein war, hatte ich keine Brüder oder Schwestern. Schwestern habe ich auch jetzt keine; statt zweier Brüder hätte ich mir lieber einen Bruder und eine Schwester gewünscht. Aber auch mit zwei Brüdern ist es gut. Marcel kann manchmal auch Schwester sein. Dan mag das nicht. Mutter hat ein paar meiner besseren Kleider aufgehoben, aber wenn ich versuchte, Dan eines davon anzuziehen, schrie er jedes Mal, dass sämtliche Nachbarn zusammenliefen. Und wenn ich ihn Dănuță nannte, ärgerte er sich. Weil er ein Mann ist, er ist Dan. Marcica ist der Name für eine Kuh, und ich mag Marcel nicht so nennen. Ich weiß nicht, warum Mutter und Vater meinem kleineren Bruder solch einen Namen gegeben haben. Sie hätten auch mich fragen können. Er weint nicht, wenn ich ihm Kleider anziehe oder eine Schleife ins Haar binde. Ich frage ihn, ob er ein bisschen Mädchen sein möchte, er duldet es sanftmütig, brav, ich führe ihn vor den Spiegel, binde ihm Schleifen ins Haar, und ihm gefällt es, wenn ich mit seinen Locken spiele. Ich ziehe ihn nicht an den Haaren, damit er nicht weint. Wenn Dan kommt, verdirbt der alles. Er lacht Marcel aus, zwickt ihn, nennt ihn Marcica-Ferkelin, Marcicutza-Kälbchen, Mutters Mädelchen. Bis Marcel zu weinen beginnt und das Kleidchen nicht mehr mag. Dan sagt zu ihm: Du bist kein Mann! Das ist mir ein schöner Mann, mit einem Kleidchen an!

Marcel spielt auch mit den Puppen. Er hat sich eine meiner Puppen genommen, eine kleine, und hat ihr ein Bett gemacht, er hat ein Taschentuch, in das er sie einwickelt. Als ich das gemerkt und ihn gefragt habe, warum er meine Puppe genommen hat, sagte er, das sei keine Puppe, das sei ein Motorradfahrer, nur dass er noch klein sei und noch wachsen müsse. Ich habe das Dan nicht verraten, der sich aus Stecken Gewehre macht, sie mit Buntstiften beschmiert und uns dann, hinter den Ecken verborgen, damit erschießt. Wenn sie beide miteinander spielen, erschießt Dan immer Marcel, der so lange von der Kugel niedergestreckt liegen bleiben muss, wie Dan es wünscht. Marcel hat schon gelernt, glaubhaft zu sterben, wie in den Filmen, plötzlich hinzustürzen, als hätten ihn Kugeln niedergemäht, was Dan höchst entzückt. Manchmal suche ich Marcel, aber ich kann ihn weder sehen noch hören. Wenn ihm bloß nichts passiert ist. Dann entdecke ich ihn unter einem Baum. Dan hat ihn erschossen und ihn dann vergessen, also liegt Marcel tot unter dem Baum und wartet auf den Befehl, wieder zum Leben zu erwachen. Wartet darauf, dass Dan vorbeikommt und ihn holt. Wenn ich ihn rufe, will er nicht kommen, weil er auf Dan wartet. Wenn ich zu ihm sage, du Dummkopf, Dan hat dich vergessen, er spielt mit anderen Kindern auf der Straße, dann ärgert sich Marcel sehr, ja, er weint sogar, warum bloß hat Dan ihn totgeschossen unter dem Baum liegen lassen.

Mutter wollte nur zwei Kinder. Marcel hatte sich Vater gewünscht. Sie sagte: Wir können kaum diese beiden ernähren. Vater sagte, lass uns noch ein Kind haben, ich gehe zur Arbeit nach Jakutien und verdiene das Geld, das wir für die Kinder brauchen! In Jakutien gibt es viele Verwandte und Landsleute, ebenso wie in Italien. Anfangs jedoch brachte Vater kein Geld mit, denn er verdiente weniger und hatte Schulden zurückzuzahlen. Damals sagte ein Verwandter in Italien zu Mutter:

Komm hierher, da ist eine Stelle bei einer Familie frei geworden, sie zahlen gut; wenn du nicht willst, werden sich hundert Moldawierinnen darum prügeln, hierherzukommen … Mutter beriet sich mit Vater, dann mit mir, und sagte anschließend, sie werde für ein bis zwei Jahre gehen, bis Vater seine Schulden abbezahlt hat. Und sie ging, aber diese ein bis zwei Jahre wollen kein Ende nehmen. Mutter will auch für Vater in Italien Arbeit finden, obwohl es Vater in Russland gefällt. Sie träumt davon, dass sie beide das Geld für eine Wohnung in Italien zusammenlegen und uns alle dorthin holen, uns zu Italienern machen. *Grazie, signore!* Aber für Männer gibt es kaum Arbeit, also bleiben wir weiterhin allein zu Hause. Sie sagte, es sei gut in Italien, warm, schön, beinahe wie in Moldawien, bloß würden wir keine Aprikosen im Hof haben, auch keine Pflaumen. Ich glaube, in Moldawien ist es am allerbesten.

Der eine weint, der andere will zu essen haben und wirft auf der Suche nach dem Zucker in der Küche alles um. Ich habe ihnen Marmelade gegeben, aber auch gesagt, vom Marmeladenbrot bekämen sie Sodbrennen. Bei jemandem, der ärmer ist als wir, haben wir gesehen, wie er Brotscheiben unter dem Wasserhahn eingeweicht und danach in Zucker getaucht hat. Seitdem wollen die Kinder nur noch Zuckerbrot und stecken das eingeweichte Brot in die Zuckertüte, was mich ärgert. Es reicht, dass der größere Bruder aus Wunder welchem Grund weint, und schon beginnt auch der kleinere wie auf Kommando zu heulen. Und sie weinen unerschöpflich, lange, wie zwei verlassene junge Wölfe im Wald. Auch sie wollen von jemandem getröstet werden, Beachtung finden. Ich will das auch, selbst wenn ich schon groß bin. Auch ich hätte gerne eine Mutter zur Seite, die mir das Essen bereitet, meine Kleider wäscht und bügelt.

Ich sagte zu ihnen, nehmt eure Herzen auf die Fingerspitzen und pustet kräftig, damit sie zu Mutter fliegen. Und sie wird jene pummeligen und mit Mangos ernährten Kinder streicheln, als streichelte sie uns. Nicht wahr, auch du weinst und denkst an uns? Und wenn du ihre Kleidchen wäschst, natürliche Wolle, reine, natürliche Baumwolle, echte Seide von Seidenraupen, dann denkst du an unsere Kleider, meistens sind es die gleichen, denn wenn die Italiener sie getragen haben, sie gealtert sind, kriegst du sie, damit du sie uns bringst. Wenn meine Brüder dies wüssten, würden sie sich weigern, sie zu tragen. Besser ohne so viele natürliche Markenkleidungsstücke, dafür mit einer Mutter. Vielleicht sind auch jene Kinder brav und niedlich, vielleicht weinen auch sie, weil ihre Mutter sie einer fremden Frau überlässt.

Du, Mutter, bist Tag und Nacht bei den fremden Kindern, führst sie spazieren, spielst mit ihnen, gibst ihnen zu essen und erzählst ihnen beim Schlafengehen Geschichten. Und bei uns ist niemand, wir essen, was wir zu fassen kriegen, Brot mit Zucker oder mit geräucherter Wurst. Und niemand singt uns abends ein Lied. Ich würde schon singen, aber ich kann kein Lied. Dan hat im Kindergarten ein Liedchen über einen vertrottelten Hasen gelernt und singt es nun dermaßen traurig, als wären alle seine Verwandten gestorben und er würde sie soeben begraben. Bist dort und verdienst Geld. Schickst uns welches, damit wir sozusagen etwas zu essen haben. Aber nichts von dem, was wir im Laden kaufen, schmeckt. Nicht einmal die Katze, so hungrig sie auch sein mag, rührt das gekaufte Futter an. Denn in unser armes und geplagtes Land bringen sie den Abfall, alle Chemikalien, alles verdorbene Zeugs, rosa Hähnchenschenkel, die nicht verderben, selbst wenn man sie eine Woche lang in die Sonne legt, Sahne, mit der du den Zaun anstreichen und die du nach einem Monat noch ablecken kannst, sie wird genauso schmecken, Säfte, mit denen man den Rost aus dem Waschbecken entfernen kann. Die Mütter machen ihren Kindern Suppe aus den Hühnern ihres Hofes, nicht aus gekauften Hühnern, die nach nichts schmecken.

Was essen die Kinder dort? Auf Weißbrotscheiben gestrichene Avocadocreme mit roten Fischen darauf? Kalbsschnitzel mit Couscous, Mango und exotischen Kräutern? Bring uns auch eine Mango mit, wenn du nach Hause kommst. Ich habe gehört, dass sie gut schmeckt, aber ich habe noch keine verkostet. Es heißt, sie könne ohnehin nicht besser schmecken als unsere saftige und duftende Birne, die einem im Mund zergeht …

Stimmt es, Mutter, dass bei dir dort die Kinder angeschirrt ins Freie gebracht werden, an Schnüre gebunden oder Riemchen? Und werden drei, vier oder noch mehr auf einmal spazieren geführt? Eines Tages hab auch ich die beiden Brüder angebunden und gesagt, los, jetzt gehen wir spazieren wie in Europa. Sie haben das nur kurz mitgemacht, dann haben sie die Halfter abgelegt: Wir sind keine Fohlen. Das Dorf lacht über uns. Besser gesagt, aus einem Hof ist eine alte Frau gekommen, die hat Husch, Gespenster! gesagt. Wozu hast du, Mädelchen, die Kinder angebunden? Warum lässt du sie nicht anständig auf der Straße rumlaufen? Und als ich ihr gesagt hab, dass es in Europa und Amerika so üblich ist, hat sie mir geantwortet: Lass, Mädelchen, die Kinder frei, die werden sich selbst noch oft genug anschirren, wenn sie zu Verstand kommen, und das Leben wird sie bis ins Alter hinein noch oft genug an die Kandare legen.

Mutter, wenn ein Kind hinfällt, hebt man es leichter wieder auf, wenn es angebunden ist, da muss man sich nicht mehr bücken. Ich denke, die Kindermädchen binden sie ihretwegen an, zu ihrer eigenen Bequemlichkeit, und nicht zum Wohle der Kinder. Wenn die jemand fragte, würde keines antworten: Ja, ich mag es, angebunden zu sein. Da haben wir es besser, wir allein zu Hause zurückgebliebenen Kinder, uns bindet niemand, legt niemand ein Halfter an, da ist keiner, der das tun könnte.

Jetzt haben mehr Leute in unserem Dorf Ziegen mit langen, gezwirbelten Hörnern, wie in den Cowboyfilmen. Ich weiß nicht, ob die alle von unseren Ziegen abstammen, die, nach ihren Hörnern zu urteilen, Gebirgsziegen sind. Als die Eltern gegangen sind, haben sie unsere Ziegen den Verwandten geschenkt, damit wir uns nicht mit ihnen herumplagen müssen. Das heißt, damit ich mich nicht mit ihnen herumplagen muss, denn ich hab ohnehin schon zwei Brüder im Kreuz, einen Hund, einen Kater, ein Schwein, zehn Hühner, einen zänkischen Hahn, und bei dieser ganzen Armee fehlten mir bloß noch die Ziegen. Milch und Käse bekommen wir manchmal von mildtätigeren Verwandten oder solchen mit etwas Schamgefühl, die auch uns mal was zukommen lassen von unseren Ziegen.

Patentante Vera ist mit dem Paten zu einer Hochzeit verreist und hat mich zur Herrin über ihren Haushalt eingesetzt, weil ihre Kinder noch kleiner sind, kann sie ihnen nicht vertrauen. Ich soll mich also um all ihre Tiere und um die zwei verwöhnten Kinder kümmern, unsere Cousins, und abends muss ich eine Ziege melken. Ihr Mädchen hat gesagt, es fürchte sich vor der Ziege, weil die beißt und mit den Hörnern stößt. Niemand hat sie gelehrt, Tiere zu melken. Sie benimmt sich wie ein kleines Kind, obwohl ich nur zwei Jahre älter bin, aber sie ist dicker und kräftiger, denn ihre Eltern halten sie gut, und sie wirkt älter als ich.

Um eine Ziege zu melken, die ein stures Tier ist, braucht es vier Kinder, sie zu halten, und eines, das sie melkt. Ich sagte Lia, wir würden im ganzen Dorf keine Kinder mehr auftreiben können, die zum Melken der Ziege kommen, wenn sie allen sagt, das Tier beiße. Auch so hatte schon einer gefragt, warum Lia sie denn nicht halte, es sei doch ihre Ziege. Lia hatte die Lektion gelernt und gesagt: Ich halte sie am Schwanz, der ist lang und stört beim Melken. Die Ziege wedelt mit dem Schwanz, und Cristina kann sie nicht melken. Außerdem sei sie ein Fräulein und habe nicht die Kraft, das Bein zu halten. Von wegen, Fräulein! Dazu muss die Ziege auch an den Hörnern gehalten werden, damit sie uns nicht verletzt. Lia kam mit dem Vorschlag, sie ganz und gar einzuwickeln, auch die Schnauze, eben alles, oder ihr einen Sack über den Kopf zu ziehen. Geh, willst du sie umbringen? Damit deine Mutter mich verprügelt, weil ich ihr Viech erstickt hab. So eine kleine

Ziege. Da lasse ich sie lieber ungemolken. Wir haben drei Kinder gefunden, aber alle hatten sie Angst. Nur ich und Dan fürchten uns nicht vor Ziegen, die anderen haben zu Hause ein Pferd oder eine Kuh, und die Ziege schauten sie an, als wäre sie ein Krokodil. Als ich zu einem Kleinen, Schmächtigen sagte, halt da fest, ist der erschrocken und hat zu weinen begonnen. Auch die Ziege hat von all dem Tumult einen Schrecken gekriegt und die Milch zurückgehalten.

Ich hatte nicht die Kraft, stärker an den Zitzen zu ziehen und die Milch zu rufen. Allein, ohne die lärmenden Kinder, hätte ich es auch nicht geschafft, denn beim Melken kitzle ich sie, und sie bleibt entweder nicht stehen, haut ab und reckt die Hörner, oder aber sie schlägt mit den Hufen aus und wirft das Gefäß mit der Milch um, noch schlimmer ist's nur, wenn sie ihre Köttel ins Gefäß mit der Milch fallen lässt. Die Kinder sind die Ziege wie einen Drachen angegangen. Jedes hat sie an einem Bein festgehalten und ihr gedroht. Die Ziege rührte sich nicht, stand wie erstarrt da, ich wusste nicht einmal, ob sie atmete, hin und wieder versuchte sie ein verzweifeltes Meckern hervorzustoßen, das sehr seltsam klang, denn sie hatte einen Eimer über dem Kopf, damit sie uns nicht beißt. Das war unsere Lösung, sie atmen zu lassen, ohne dass sie uns beißen kann. Die Arme, wahrscheinlich hat sie noch nie in ihrem Leben jemanden gebissen. Ich hatte gar keinen Platz mehr neben der Ziege, vor so vielen Leuten kam ich nicht an ihr Euter ran. Die Ziege hat sich mehr schlecht als recht melken lassen, die triumphierenden Kinder haben sich entspannt, und sie nutzte den Augenblick und wehrte sich kräftig, ohne sich jedoch befreien zu können. Nur das Eimerchen mit den drei Fäden Milch ist umgefallen, ich habe das Gleichgewicht verloren und bin mit dem Hintern auf einen Haufen Ziegenköttel gefallen, wo ich mir das Kleid und die Hände beschmutzt habe. Die Kinder haben sich weggeschmissen vor Lachen, na klar. Diesen Kot kriegt man mit nichts wieder raus, das war's, da hast du dir das Kleid ruiniert, und davon stinkt sogar deine Seele, nicht umsonst stinken die Leute, die Tiere besitzen, man kann am Geruch feststellen, was für ein Tier einer hat: Schaf, Kuh, Schwein, Pferd, Ziege. Sie gewöhnen sich so sehr an den Geruch, dass sie ihn überhaupt nicht mehr merken, während den anderen davon die Nase abfällt. Vor Wut habe ich dem Eimer einen Faustschlag versetzt …

Es wird ihr wehtun, wenn wir sie nicht melken. Sie hat noch die ganze Milch im Euter.

Kommt, lasst uns ein Zicklein holen, damit es die Milch trinkt, denn wir werden sie nicht melken können.

Die wird kein fremdes Tier an sich ranlassen, du siehst doch, was das für ein wildes Viech ist!

Ein kleiner Hammel hat an ihr gesaugt, der hat an allen Schafen gesaugt, die ohne Lämmer geblieben waren, auch an dieser Ziege, als man ihr Zicklein geschlachtet hatte. Ich weiß nicht, warum sie alle diesen Hammel haben saugen lassen. Wir haben ihn letzte Woche verkauft.

Sie brachten der Ziege zwei dicke Zicklein aus der Nachbarschaft, die die Kinder kaum hinter sich her zerren konnten. Aber die Ziege ist mit den Hörnern auf sie los und hat sie verjagt, aber auch sie haben nicht versucht, an die Milch heranzukommen, waren entweder satt, oder aber der fremde Ort und die vielen Zuschauer hatten sie verschreckt.

Nachdem ich mich mit etwas Heu abgerieben hatte, hab ich mich wieder ans Melken gemacht. Diesmal ohne Gefäß, die Milch einfach auf den Boden rinnen lassen. Ich hab sie an der Wade gepackt, hab an den Zitzen gezogen, da kam ein Milchfädchen raus. Dann hab ich noch ein bisschen gezogen und gedrückt, aber ich war schnell müde. Dann haben die Kinder ein Gefäß gebracht, und ich hab ein bisschen hineingemolken.

Bring diese Milch dem Hund, damit auch für ihn Sonntag ist.

Dann sind die Jungs zum Spielen gegangen, und wir, die Mädchen, sind noch eine Weile beisammen geblieben, um über Hauswirtschaft, Mode und Männer zu reden.

Früher erzählte Großmutter uns Geschichten, jetzt aber erzählen wir. Jedes Mal, wenn sie mich sieht, fragt sie mich: Wem gehörst du?

Jedes Mal sage ich es ihr, und sie: ... aaah, dem Victorchen, ah, der arme Bub, malocht (Großmutter sagt: *malhoocht*) unter Fremden, findet sein Brot nicht zu Hause ... und wann dein Vater nach Hause kommt, weißt du nicht ... auch deine Mutter ist nicht ...

Ich würde mich nicht wundern, wenn ich sie mit Marcelchen spielen sähe, sie ist ganz und gar kindlich. Jetzt bringt ihr die alte Eudochia das Essen. Sie sagt, Großmutter weint, wenn sie sich waschen muss. Und es stinkt bei ihr, als wenn sie ins Bett pinkelte. Vielleicht tut sie es ja. Wie sehr sie sich verändert hat! Ich will sie nicht zu sehr kritisieren, denn sie war eine gute Großmutter, die uns Geschichten erzählt und zu Ostern einen Hefezopf mit einem Kreuz drauf gebacken hat. Die alte Tante sagt, Großmutter stirbt nicht, bis sie nicht alle ihre Kinder gesehen und sich von ihnen verabschiedet hat. Meine Eltern haben sich im Winter von ihr verabschiedet, als sie krank war, aber zwei weitere Verwandte, weit weg auch die, sind schon seit ein paar Jahren nicht mehr hier gewesen.

Ich hab ein paar Aprikosen zusammengeklaubt, die allerreifsten, denn sie mag nur die reifen Früchte, süß und weich, und war bei ihr, so wie du es uns gesagt hast. Sie hat brav und klein in der Ecke neben dem Fenster gesessen, eingesunken und eingemummt, obwohl es nicht kalt war, und hat aufmerksam zugehört. Als ich mit ihr gesprochen hab, hat sie angefangen, alles zu wiederholen, was sie gehört hatte. Sie kann nicht mehr hinausgehen und sieht auch nicht mehr so gut, aber sie hört alles. Sie weiß, wie viele Hähne sie noch im Hof hat und wie viele Hühner, nur noch ein Truthahn ist ihr geblieben. Auch weiß sie, wer beim Nachbarn Wein kauft, wer an ihrem Zaun vorbeigeht, bei wem Autos halten, wer mit wem auf der Straße redet. Großmutter hat blau-blaue Augen und ist sehr sanftmütig.

Besser, ich sage niemandem, dass Mutter und Vater nicht zu Hause sind, denn schließlich kommen allerhand unverschämte Kinder zu uns, stehlen uns die Spielsachen, essen uns die Speisen vom Tisch, und man kriegt auch noch einen Hieb in den Nacken, wenn man nicht einverstanden ist. Und man muss sich mit aller Welt gut stellen, sich mit allen vertragen, damit sie einem nichts stehlen, einen nicht schlagen und sich schämen … Mutter, wenn du nach Hause kommst, werde ich drei Tage mit niemandem mehr sprechen. Drei weitere Tage werde ich allen Rotznasen, die Dan und Marcel verprügeln, auf die Schnauze hauen. Jetzt kann ich es nicht tun, denn sie würden sich an meinen Brüdern rächen, aber wenn du nach Hause kommst, schnappe ich sie mir einen nach dem anderen und hau sie windelweich. Damit sie sehen, wie es ist, wenn man elternlose Kinder ungerecht behandelt! Wenn du kommst, werde ich die Stolzeste im ganzen Dorf sein. Ich werde das neue Kleid anziehen, das du mir im Winter mitgebracht hast, und werde damit wie ein Truthahn durchs Dorf stolzieren. Es wäre schöner, wie ein Pfau herumzulaufen, aber ich habe noch keinen Pfau herumlaufen sehen, ich habe bloß gesehen, wie der Truthahn seine Schwanzfedern hochstellt und spreizt.

Unser Haus ist zum Asyl für die Kinder geworden, die von ihren Eltern geschlagen werden. Alle wissen, dass wir allein zu Hause sind, dass nur selten jemand Älteres hier über die Schwelle tritt, also ein Erwachsener. Wenn sie doch bloß gesättigt hierherkämen und nicht hungrig, denn sie essen uns alles weg. Sie haben Mutter und Vater oder sind nur bei der Mutter oder nur mit dem Vater, aber niemand ernährt sie, sie kommen mit einem Wolfshunger an und essen sogar trockenes Brot mit einem solchen Appetit, als wäre es mit schwarzem Kaviar bestrichen, von dem natürlichen, den winzigen und teuren Kügelchen, die wir auch mal gegessen haben, als Mutter einmal vom »langen Geld« zurückgekehrt ist.

Wenn einer kommt, der böse verhauen worden ist, rufe ich

die Jungs herbei, damit sie zuhören. Das Kind antwortet auf alle meine Fragen. Und ich frage alles, ganz genau: Hat dir dein Vater mit der Faust an den Kopf geschlagen? Zwei Faust-hiebe? Dass du ohnmächtig wurdest … Du hast auch aus der Nase geblutet? Stark. Und dann hat er dir auch noch einen Tritt in den Hintern verpasst? Und er war besoffen. Er hat gestunken und ist dann in den Garten gegangen und hat gekotzt, hat also alle seine Därme, die voller Alkohol waren, entleert.

Dann schaue ich bedeutsam (wie Mama es getan hat) Marcel an, denn Dan ist schon groß und versteht es sowieso.

Siehst du, Dummerchen, was ein Vater tut? Und du jammerst Tag und Nacht. Ein Vater fehlt dir, damit du mit eingeschlagenem Kopf rumlaufen kannst, Blut in der Nase, hungrig und verdroschen, und dich bei den Nachbarn verstecken musst? Siehst du, alle Kinder kommen zu uns, weil es ohne Vater besser ist. Wir essen allerlei Leckereien aus dem Laden, alles, wonach uns der Sinn steht, denn wir haben Geld, es uns zu kaufen, wir haben Spielsachen, und wenn wir was haben, womit wir spielen können, kommen alle Kinder zu uns, denn sie haben das nicht und wollen bei uns was klauen oder aus Neid was kaputtmachen.

Marcel schweigt schmollend und stur. Er will mir antworten, weiß aber nicht, wie. Er kennt kein Beispiel eines guten Vaters, der bei den Kindern zu Hause ist, sich um sie kümmert und sie so liebt, wie er es sich vorstellt. Alle, die zu uns kommen, beklagen sich. Vielleicht gibt es auch gute Väter, aber deren Kinder bleiben zu Hause, weil es ihnen gutgeht. Ich weiß das, aber ich sage es Marcel nicht, lasse ihn glauben, so, ohne Vater, sei es besser.

Ohne Vater ist es besser, nicht wahr, frage ich die verprügelten Kinder und insistiere, bis sie antworten, ja, es ist besser ohne.

Letzte Nacht haben wir einen riesigen Schrecken gekriegt. Wir hörten es an die Tür hämmern und sind alle aufgewacht, sogar Marcel. Erst haben wir uns bis an die Zähne bewaffnet. Marcel hatte das Hämmerchen, mit dem wir die Nüsse aufklopfen, und platzierte sich strategisch an der Schlafzimmertür. Dan hatte zwei Messer, das für die Schweineschlacht, Vater hat es ihm bei seiner Abreise gegeben, damit er uns gegen Feinde verteidigen kann, und noch eines, woher, weiß ich nicht. Ich hatte mir das Beilchen gegriffen, das stets für alle Fälle unter meinem Bett liegt. Und so wandten wir uns zur Tür. Marcel habe ich überzeugt, das Schlafzimmer zu bewachen. Du hütest das Geld unter dem Teppich, unseren Schatz, sonst haben wir kein Geld für Essen und Spielsachen. Er weiß, dass es ohne Geld nicht geht, und dass Diebe oder Banditen Geld suchen, wenn sie kommen, also war er mit seiner wichtigen Aufgabe einverstanden. Ich und Dan gingen voran zur Tür, an die niemand mehr hämmerte, aber ein seltsames Geraschel war zu hören. Wenn Dan nicht an meiner Seite gewesen wäre, ich wäre vor Angst in Ohnmacht gefallen. Aber ich bin die Größte und darf nicht so mir nichts, dir nichts in Ohnmacht fallen. Wir standen hinter der Tür und wussten nicht, was tun. Sollten wir öffnen? Und wenn uns ein Bandit umbringen will? Sollten wir zurückgehen? Aber wie sollten wir wieder einschlafen, wenn da jemand nachts um drei an unserer Tür raschelte? Wir legten das Ohr an die Tür. Das Jaulen eines Hundes war zu hören. Wie aber sollte ein Hund so stark an unsere Tür gehämmert haben? Lasst uns das Licht einschalten. Von draußen war etwas mit viel Rotze zu hören, jemand, der schluchzte und weinte. Lass uns fragen, wer es ist. Wer ist da? Keine Antwort, nur das Weinen war jetzt deutlicher zu hören. Aha, da weint ein Kind. Wir öffneten die Tür, und auf unserer Schwelle war ein müdes, beinahe schon eingeschlafenes, schluchzendes Kind. Verdreckt, was sollten wir mit ihm tun? Wissen nicht, wer es ist, warum es gekommen ist. Wird eines der von ihren Vätern verprügelten Kinder sein, das schon mal hier war. Aber wie ist es zum Tor hereingekommen, das ist doch verschlossen, und wieso hat der Hund nicht gebellt? Vielleicht hat er gebellt, und wir haben es nicht gehört, weil wir geschlafen haben. Vielleicht haben wir vergessen, das Tor abzuschließen ... Nun, gut, dass es ein Kind ist. Plötzlich waren wir schläfrig, spürten, dass wir im Stehen einschliefen. Dan ging und legte sich hin, Marcel lag auf dem Boden und schlief, er hatte das Hämmerchen umarmt, wie andere Kinder ihren Teddybären umarmen.

Ich habe nie mit dem Teddybären geschlafen, der hat Mikroben. Einmal habe ich mit dem Kater geschlafen, der sich unter dem Bett versteckt hatte, und ich dachte, er sei draußen. Als ich eingeschlafen war, kam er aufs Bett und legte sich auf mich. Wie ich mich umdrehen wollte, spürte ich etwas Schweres, das ich wegschubsen wollte, und berührte sein warmes Fell, er schlief und schnurrte oder schnarchte leise, also ließ ich ihn liegen und vertrieb ihn nicht. Aber öfter habe ich ihn nicht ins Bett gelassen, denn Lenuța hatte mir gesagt, er schlafe gerne auf dem Bauch, er könne dir die Luft rauben, oder ein Haar von ihm gerate in deine Lungen, und du stirbst nach zwanzig Jahren.

Ich habe das fremde Kind auf ein Kanapee gelegt, es in eine Decke gewickelt, und es ist sogleich eingeschlafen.

Gewiss, man schlägt keine Kinder. Aber manchmal hätte ich größte Lust, sie plattzumachen! Nur ich allein mache in diesem Haus sauber, ich fege, wasche auf allen vieren den Fußboden, arbeite, bis mir die Zunge heraushängt, anstatt auch mal zu spielen, fernzusehen oder etwas für Zwölfjährige Empfohlenes zu lesen! Und dann kommt Marcel herein, verdreckt wie ein Schwein mit einem Arm voller Brettchen mit Erdkrümeln dran und Gras, und läuft mit seinem Steckenzeug durch das ganze Haus, um dann im saubersten Zimmer alles auf den Boden zu werfen! Wo ich gerade gefegt hatte und es so sauber war, dass man Mohnkügelchen vom Fußboden hätte auflecken können! Und dann spielt er nicht einmal mit den Stecken, lässt sie einfach so liegen, weil ihm etwas anderes eingefallen ist, ein anderes Spiel, oder was weiß denn ich! Ich hab ihn angeschrien, hab den Besen genommen und bin auf ihn los, ihn zu hauen. Und er, als er den langen Besen über sich sah, hat die Hände auf den Kopf gelegt und sich in Erwartung des Schlags zusammengekauert. Er kam mir so hilflos vor. Er hat nicht einmal verstanden, warum ich schrie und ihn schlagen wollte, auch hat er sich nicht zu verteidigen versucht, er hat eben niemanden, bei dem er sich beklagen könnte, Mutter oder Vater. Ich als größere Schwester haue ihn, und er hat nur mich und Dan, der ihn bei jedem Schritt haut, auch wenn er ihn danach küsst. Und ich hielt inne, den Besen erhoben, und hab ihn nicht geschlagen, kein bisschen. Ich versuchte, es ihm zu erklären, schau, Marcelchen, ich hab eine Stunde lang gefegt, während du draußen gespielt hast, siehst du, wie sauber ich alles gemacht hab, und da kommst du mit deinen Stecken, mit denen du im Hof spielen kannst, die kannst du nicht im ganzen Haus verstreuen, schau, was du da für einen Dreck gemacht hast.

Ich versuchte, ihm zu erklären, dass das nicht gut war, außerdem wären die Stecken ja nicht verschwunden, wenn ich ihn geschlagen hätte. So muss man mit Kindern umgehen, man muss sanft mit ihnen sprechen. Sie sind klein und wollen spielen. Marcel verstand, dass die Gefahr vorüber war, der Besen schwebte nicht mehr bedrohlich über ihm, er versprach hoch und heilig alles, worum ich ihn bat, sammelte auch drei Strohhalme vom Boden auf, na ja, auch er macht sauber. Er sagte, er wolle eine Stadt bauen. Und warum im Haus, wie willst du denn im Haus eine Stadt bauen? Städte baut man draußen. Damit es nicht draufregnet oder jemand aus Unachtsamkeit drauftritt. Ich versicherte ihm, dass weder Dan noch ich auf seine Stadt treten werden, und dass er draußen einen Brunnen bauen kann, was im Haus nicht geht, weil er hier kein Loch graben kann. Und wir würden ihm helfen. Da kam auch Dan, und wir trugen die Brettchen hinaus, und danach musste ich noch einmal fegen. Aber ich war stolz auf mich: Ich habe ihn nicht geschlagen. Ich war korrekt und pädagogisch vorgegangen – habe ihn erzogen. Wenn ich mal Kinder habe, werde ich sie im Geist der Sanftmut erziehen.

Dan kam weinend an, beinahe hätte ihn der Hund an der Straßenecke gebissen, und er musste bis nach Hause rennen. Wenn du dich vor ihm fürchtest, spürt es das Tier und verfolgt dich. Ich nahm etwas Brot und ging mit den Brüdern, um uns mit dem frei herumlaufenden Hund anzufreunden. Auch mir war mal einer hinterhergerannt, als ich klein war, jetzt aber fürchte ich mich nicht mehr, und die Hunde wedeln mit dem Schwanz, wenn ich an ihnen vorbeigehe.

Cuciu-cuciu!

Der Hund hatte einen Durchschlupf unter dem Tor freigescharrt, damit er auf die Straße konnte. Er kam, als wir ihn riefen, und näherte sich. Dan warf ihm ein Stückchen Brot zu, dann Marcel. Es war ein kleines und schwaches Hündchen.

Schau, Hündchen, das sind meine Brüder, die verbellst und beißt du nicht mehr.

Er blieb, bis wir ihm das ganze Brot gegeben hatten, dann ging er zurück in seinen Hof. Das Stückchen, das Marcel ihm zugeworfen hat, hat er im Flug aufgefangen, wie im Zirkus, und sich damit davongemacht. Ich brachte meinen Brüdern bei, sich nicht vor Raupen oder kleinen Fröschen zu fürchten. Sagte ihnen, manche Hunde seien nur deshalb böse und würden beißen, weil sie Angst haben, man wolle sie schlagen. Aber einem großen Hund sollte man trotzdem nicht zu nahe kommen. Menschen, die vor Tieren Angst haben, fürchten sich auch vor anderen Menschen und geraten dahin, sich auch vor ihrem eigenen Schatten zu fürchten, letztlich werden sie sogar krank. Angst ist eine Krankheit.

Nicht immer erziehen die Eltern ihre Kinder richtig. Cotruță beispielsweise, der Kleine mit den Kraushaaren, der kommt zu uns, um alles zu klauen, was er finden kann, denn dies trägt ihm seine Mutter auf. Als ich ihn erwischt und an den Haaren gepackt hab, hat er geweint, aber nicht sehr. Er sagte: Wenn ich nichts mitbringe nach Hause, schlägt mich Mutter noch fester, ihre Hand ist schwerer als deine. So ein kleines, zerlumptes, gequältes und hungriges Kind. Gut, dann klau eben was, aber lass es uns sehen. Er hastete auf den kleinen Traktor im Sand zu. Neiiin, da weinen die Kinder. Dan brachte von hinter dem Haus eine Hacke und schaute mich an, kann er die klauen? Ja, stimmte ich zu. Cotruțăs Mutter wird sich über die Hacke mehr freuen als über einen kleinen Spielzeugtraktor. Du kannst mit dem Traktor spielen, aber Dan wird aufpassen, dass du ihn nicht klaust. Dann habe ich noch ein paar Klamotten und Bonbons und sogar ein Batikkopftuch für seine Mutter gebracht. Mutter hilft immer den armen Kindern, sie hätte mich gelobt. Und wenn Vater die Hacke braucht, sage ich ihm, wem wir sie gegeben haben und wo er sie sich holen kann. Cotruță ging mit allerlei feinen Sachen. Und seine Eltern sollen mit dieser Hacke arbeiten und nicht die Kinder zum Stehlen schicken.

Seht ihr, sagte ich wie eine Lehrerin zu den Brüdern, wie schwer es manche Kinder haben, deren Eltern Wein trinken und sich nicht um sie kümmern, sie arbeiten nicht, im Sommer regnet es nicht, und nichts wächst. Ihre Kinder haben keine Wollpullover oder aus Italien mitgebrachte karierte Hemden, wie Dan eines hat, auch keine Regenjacke, wie die von Marcel. Auch keine Spielsachen, wie sie brave und wohlerzogene Kinder haben. In der Schule sind sie nicht gut. Sie wissen nicht, dass man beim Essen nicht die Ellbogen auf den Tisch stützt, und hören nicht auf die größere Schwester. Auch essen sie keine Apfelküchlein.

Aber Käseküchlein essen sie, erwiderte Dan, ich weiß, dass sie eine Kuh haben. Und jeden Morgen trinken sie Milch. Ich möchte Käse mit Sahne und mit Zucker darüber!

Kaufen wir morgen früh.

Ich weiß, zu wem ich um Milch oder Käse gehen muss, wenn ich das brauche. Alle haben jetzt je eine Kuh im Haushalt. Kinder müssen mit Milchprodukten ernährt werden, die nicht einmal schwer zuzubereiten sind. Man kocht die Milch, und das Essen ist fertig!

Nicht weinen, jetzt haben wir zu tun. Wir machen ein Programm. Die Zeit zum Weinen: acht Uhr abends. Es ist besser so. Wie wäre es denn, wenn ich genau dann weinen würde, wenn ihr Hunger habt? Oder wenn die Hühner und das andere Viehzeug kein Wasser haben und vor Durst schier verrecken? Als wäre euer Weinen das Wichtigste auf der Welt.

Wenn Marcel weinen will, sage ich, komm bitte mit, lass uns den Teppich ausschütteln oder die Blumen gießen. Ich finde etwas, was er tun kann, und sage, jetzt arbeitest du, und danach weinst du. Und er hat nachher auf das Weinen vergessen. Aber manchmal will er nicht auf mich hören und weint, damit ich oder Dan ihn liebkosen. Wir haben Mitleid, aber wenn wir uns ihm nähern und uns an Mutter und Vater erinnern, beginnen auch wir zu weinen.

Als ich gesagt hatte, wir würden nach Programm weinen, habe ich es wieder vergessen, aber Marcel kam eines Abends um punkt acht Uhr mit den Fotografien von Vater und Mutter, stellte sie genau in dem Augenblick vor uns hin, als ein Film beginnen sollte, und sagte: Lasst uns weinen, es ist acht Uhr!

Bring die Fotos zurück, herrschten wir ihn an. Siehst du nicht, dass der Film beginnt? Nur Dummköpfe und Rotzlöffel heulen! Echte Männer stehen es durch und kämpfen mit ihren Schwierigkeiten.

Das Kind langweilte sich, uns zuzuhören, und verschwand mit den Fotos. Ich ging nachsehen, was er machte, und er packte sie wieder zurück, brabbelte dabei vor sich hin. Vielleicht jammerte er den Eltern auf den Fotografien vor, was für grausame und bösartige Geschwister er habe, die nicht mehr an Mama oder Vater denken, sondern bloß noch an Filme.

Als Marcel zu schluchzen begann, fragte ich ihn, warum er weine. Ich will zu Mama, will zu Vater. Damit er nicht mehr weint, dass er zum Vater will, führte ich ihn auf die andere Seite des Dorfes, wo er Gheorghiţăs Vater sehen konnte. Ich wusste, wann der besoffen nach Hause kam und seinen Sohn verprügelte, mit dem Riemen oder einer Rute. Alle lachen Gheorghiţă aus und verhauen ihn, dabei ist er erst in der zweiten Klasse, aber er geht gebeugt wie ein Greis, fürchtet sich sogar vor seinem eigenen Schatten, ist schwach und unglücklich. Sein Vater flucht und schreit, dass man es auf der gesamten Länge des Weges hören kann. Ein paar Kinder versammeln sich, um zu sehen, wie Gheorghiţă verprügelt wird.

Siehst du den Vater? Meinst du denn, Vater spielt mit dir nur Hoppe, hoppe, Reiter?

Als Vater letztes Mal zu Hause war, band er einen Draht um einen Stock, und das andere Ende wickelte er um einen dickeren Ast, also improvisierte er eine Schaukel. Er setzte Marcel rittlings auf den Stock und stieß ihn an. Der Draht löste sich vom Ast, und Marcel flog geradewegs auf einen Lehmhügel. Gut, dass es so ausging, denn er hätte auch ungünstiger landen können, neben dem Hügelchen war ein Müllhaufen mit zerbrochenen Flaschen, Draht und altem Eisen. Wenn er dorthin geflogen wäre, dann gnade ihm Gott, wer weiß, wie er das überstanden hätte. Vater sagte mir, ich solle es dir nicht sagen, und ich habe es dir auch nicht gesagt, denn ihr hättet wieder einmal gestritten. Nur wenn ihr euch auf verschiedenen Kontinenten aufhaltet, seid ihr beispielhafte Eltern mit drei Kindern. Beinahe eine Modellfamilie. Besonders zu Weihnachten und zu Ostern. Marcel hat sich nicht verletzt, auch geweint hat er nicht, ihm hat das alles gefallen. Und Vater hat sogar den Müll weggeschafft, denn sonst, sagte ich zu ihm, würde ich ihn verraten …

Und jetzt jammert er, dass er zu Vater will. Er möchte, dass Vater ihn schaukeln lässt. Wir haben ihm versprochen, dass wir ihm eine Schaukel bauen, das ist wirklich nicht schwer, und dass wir die an unserem Nussbaum anbringen. Aber der Draht war zu dünn und brach, als wir ihn zudrehen wollten, und den anderen Draht, den wir gefunden haben, konnten wir nicht um den Schaukelstock wickeln, er war zu dick, und wir hatten nicht die Kraft dazu.

Schließlich gingen wir an den Zaun von Gheorghiță. Wir

standen dort und hörten die Beschimpfungen, aber wir haben nicht mehr darauf gewartet, dass er ihn schlägt, es war zu warm, und wir bekamen Durst. Marcel hatte die Stirn gerunzelt. Auf dem Heimweg sagte er zu mir, dass er mal drei Kinder haben und sie niemals schlagen werde.

Wirklich niemals? Aber wenn sie mit allen Bonbons zum Spielen gehen, ohne dass Mama, Vater oder die anderen Geschwister wenigstens einen probieren können? Wenn sie ohne Fahrrad nach Hause zurückkehren? Wenn sie alle Entenküken im Fass ertränken?

Diese guten Taten hat Marcel letztes Jahr vollbracht.

Die Bonbons hatte er den Kindern auf der Straße bloß zeigen, damit angeben wollen, und einer nahm sie ihm schlicht und einfach weg, die Tüte aus der Hand und weg damit in seinen eigenen Garten, hat das Tor abgesperrt und basta, weg waren sie. Addio, Bonbons, »Freude«! Das Fahrrad haben ihm ein paar Kinder von der anderen Seite des Dorfes weggenommen, Marcel kannte sie nicht einmal, sie hatten ihn gebeten, einmal damit fahren zu dürfen, und verschwanden. Da musste Vater das ganze Dorf auf den Kopf stellen und nach dem Fahrrad fragen, denn es war teuer und noch fast neu, Marcel lernte eben, damit zu fahren, doch eigentlich gehörte das Fahrrad Dan, der Marcel dann an den Haaren gezogen und ihm Fußtritte in den Hintern verpasst hat, sodass Mama nicht mehr wusste, wie sie ihm Einhalt gebieten könnte. Und als Vater das Fahrrad wieder brachte, sah es aus wie nach dem Krieg, zerkratzt, ohne die Stützräder, ohne Klingel und Licht.

Und die Entenküken, so meinte Marcel, mussten schwimmen lernen. Letztes Jahr brachte mein kleinerer Bruder alle achtzehn Entlein um, insgesamt waren es zwanzig, aber zwei waren schon vorher verendet. Er ging zum Wasserfass und stellte sich einen Stuhl hin. Und als die Entlein ertranken, reichten seine Arme nicht hin, sie herauszuholen, er war zu klein. Gut, dass er nicht auf die Idee gekommen war, auch die Hühnerküken schwimmen zu lehren. In einem Zeichentrickfilm hatte er gesehen, wie die Enten schwimmen. Er meinte, sie seien faul, sie schliefen im Wasser, anstatt mit den Füßchen zu paddeln. Und in ein paar Minuten hatte er sie alle ertränkt. Mutter hat mich nicht einmal ausgeschimpft, weil ich nicht auf ihn aufgepasst hatte. Wir waren alle zu Hause.

Beispiele für böse Väter findet man, so viele man will, denn beinahe alle saufen und schlagen ihre Kinder. Selbst unser Vater schlägt uns, wenn er länger zu Hause ist. Mich hat er im Beisein der Mädchen am Ohr gezogen, und hinter Dan ist er mit einem Brett hergerannt und hat geschrien, obwohl der nichts Böses getan hatte.

Eine böse Mutter habe ich noch nicht angetroffen. Vielleicht schlagen einige von ihnen ihre Kinder, aber niemand sagt, meine Mutter ist böse und hat mich grundlos geschlagen. Es gibt eine einzige Frau im Dorf, die trinkt und hört auf den schönen Namen Luiza, sie säuft, bis sie auf der Straße einschläft, unter den Zäunen, sie pisst sich an und stinkt, sodass sie selbst die Fliegen meiden. Und wenn man nicht weiß, wer es ist, und sie so auf der Straße schlafen sieht, könnte man glauben, sie sei tot. Die Frau ist ziemlich alt, und man sagt, ihr Mann habe sie wegen einer Jüngeren im Nachbardorf verlassen, auch die Kinder haben sie vergessen, sie kommen sie nicht mehr besuchen, fragen nicht mehr, wie geht es dir, Mutter, bringen ihr nichts Gutes aus der Stadt. Sie haben ihre eigenen Häuser, haben Kinder und Autos, aber ihre Mutter haben sie vergessen. Und sie säuft und säuft vor Kummer und damit sie vergisst, was ihr wehtut. Es heißt, sie war mal das schönste Mädchen im Dorf. Vielleicht war auch sie eine gute Mutter und hat ihre Kinder verwöhnt, wer weiß …

Ab und zu gehen wir in den Salon und schauen uns deine Kleider an. Manchmal machen wir Spektakel, wir spielen Familie. Ich ziehe deine Kleider an, die mir passen, sie sind ein bisschen zu weit, aber nächstes Jahr werden sie mir richtig passen. Dan, der der Vater ist, stolziert in allen Anzügen von Vater einher und vermeidet es, zu große Hemden und Hosen anzuziehen, weil er sich dann überhaupt nicht mehr bewegen kann, und wir lachen uns kaputt, wie er mit den viel zu langen Ärmeln herumfuchtelt oder wenn ihm die Hosen herunterrutschen, obwohl er den Gürtel schon im ersten Loch geschlossen hat. Er begnügt sich jetzt mit einem Leibchen und dem schwarzen Hut, den Vater noch niemals getragen hat, vielleicht hat er den selbst noch von seinem Vater. Wir riechen an den Kleidern. Der Hut riecht nach Vater und die Kleider nach Mama. Aber die meisten Kleidungsstücke riechen nach Tabak und Naphthalin, das gegen die Motten zwischen den Kleidern liegt. Mama und Vater riechen viel besser. Mama riecht nach Zopfkuchen und Krapfen, Vater riecht nach Milch, wenn er die Ziegen gemolken, und nach Heu, wenn er sie gefüttert hat. Mama riecht nach Nudelsuppe und Vater nach Pilzen, wenn er in den Wald geht, bringt er viele Pilze mit, er kippt sie mitten im Zimmer auf eine Zeitung, und wir suchen die schönsten heraus.

Und stets so … Und du, wonach stinkst du, wenn du ins Bett pinkelst? Großer Junge! Ich pinkle nicht, ich schwitze, antwortet Marcel. Aber es reicht, dass er abends Melone isst. Das ist im vergangenen Jahr passiert. In diesem Jahr sind die Melonen noch nicht reif.

Ich weiß nicht, wem Marcel gleicht, so anspruchsvoll und kompliziert wie der ist. Zuerst hat er geweint, dass er kein Auto für einen Jungen hat, der zum Spielen zu ihm kommt. Gut, lass mal, ich kaufe dir eines im Geschäft. Dort hat er sich wieder aufs Weinen verlegt. Wenn Mama nicht zur Arbeit weggegangen wäre, hätten wir jetzt kein Geld, womit ich ihm das Spielzeugauto und andere Spielsachen kaufen kann, aber es wäre doch besser mit Mama und ohne Spielsachen, und er jammerte im Laden, dass die Verkäuferin nicht mehr wusste, ob ich nun das Spielzeug kaufe oder nicht. Ich wusste, wenn ich es ihm nicht kaufe, wird er zu Hause rumheulen, dass er das Spielzeugauto haben will, genau jenes … also habe ich es ihm gekauft. Dann ist ihm das Weinen vergangen, und er hat mit dem Autochen gespielt. Die Kinder, die zu Marcel zum Spielen kommen, wollen ihr eigenes Spielzeug haben, und wenn sie gehen, wollen sie es mitnehmen, sie verstehen nicht, dass es nicht ihnen gehört. Sollen doch auch ihre Eltern arbeiten und ihnen Spielsachen kaufen, wir sind doch schließlich kein Laden. Manche weinen sogar, und ich hab dann eine solche Wut auf die, dass ich ihnen am liebsten in den Hintern träte, damit sie einen wirklichen Grund zum Weinen haben. Na was, stehle ich bei irgendjemandem Spielsachen, oder gibt mir jemand etwas umsonst, für meine schönen Augen? Ich muss ihnen die Spielsachen, das Essen, die Katze aus den Händen reißen, stehe mit dem Besen an der Tür, und die beiden Brüder nehmen die Durchsuchung vor.

Und eben jetzt packt Marcel wieder das Weinen, weil von den drei Jungs, die zum Spielen zu ihm kommen, einer kein Auto hat. Nun sieh an, wofür ich das Geld ausgeben muss.

Als Marcel klein war, hatte er einen Kinderwagen, der uns, mir und Dan sehr gut gefiel. Wenn die Eltern gerade mal nicht da waren, legten wir Marcel ins Bett und stiegen reihum in den Kinderwagen, dann fegten wir damit von einer Wand zur anderen, mal ich und mal Dan. Wieso dieser Kinderwagen nicht kaputtging … Und Marcel lag brav im Bett, war das Bübchen, aber er begriff, dass auch wir seinen Kinderwagen mochten, und wartete, dass er an die Reihe käme, dass wir ihn zurück in den Kinderwagen legten und schaukelten. Wir passten auf, dass uns Mama nicht erwischt. Ich erinnere mich noch daran, wie Dan das Bübchen war, mit gespreizten Beinchen, und jetzt, sieh an, was für große Jungs!

Damit sie möglichst männlich wirken, fluchen sie sehr hässlich. Einmal war ich im Haus, hatte das Fenster offen und hörte alles, was sie redeten. Es war auch ein Junge zu uns gekommen, der einen Vater hat, von dem er allerhand zu hören bekommt, der ließ einen Fluch los, und sogleich wiederholten ihn auch die beiden anderen. Und über ein Mädchen, das ging noch in den Kindergarten, sagten sie »diese Hure von einer Lenuța«. Sie mochten offenbar überhaupt kein Mädchen, das eine hatte zu kurze Haare, die des anderen waren zu schwarz, ein anderes weinte wie eine Kuh bei jedem Schritt, ein anderes war zu verhätschelt, zu dick oder es ging von Hand zu Hand. Hätte man nicht gewusst, wie klein sie sind, so hätte man geglaubt, es seien ein paar Tattergreise, die mit allen Wassern gewaschen sind. So reden sie von den Mädchen, aber es reicht, dass so ein Rotzmädelchen sie länger anschaut, und sie schmelzen dahin, werden zu Sklaven dieser Nichtsnutzigen, geben ihr letztes Hemd für sie hin. Neulich hätte ich beinahe eine verprügelt, die Dan angestellt hatte, ihr die Wassereimer zu tragen, gleich zwei auf einmal. Ich packe gerade mal einen. Ihre Mutter hatte ihr aufgetragen, den Tomaten im Garten Wasser zu geben, und warum sollte sie das Wasser schleppen, wenn sie ein paar doofe Männer finden konnte. Du hättest mal sehen sollen, wie Dan mit heraushängender Zunge die Wassereimer schleppte … Er ist schließlich ein Mann, ist stark, hat Muskeln. Wenn ich ihn bitte, macht er keinen Finger krumm, denn er ist ein kleines Kind, ist noch nicht in der Schule und kann noch nicht einmal schreiben. Aber »diese Hure von einer Lenuța« oder Viorica, einen Kopf größer als Dan, dünn und voller Bandwürmer, vielleicht auch Wanzen, die versteht es, ihn um den Finger zu wickeln und zu ihrem Leibeigenen zu machen. Ich wusste nicht einmal, wie ich es anstellen sollte, ihn nach Hause zu schaffen, damit er, der Kavalier, sich nicht ärgert. Ich musste ihm sagen, Mutter erwarte ihn am Telefon. Er ließ die Eimer mitten auf dem Weg stehen, war rot und atmete wie eine Lokomotive. Als Dan gegangen war, sagte ich zu jener Lenuța, wenn ich sie noch einmal erwische, dass sie sich an meinen Bruder ranmacht, dann mache ich sie fertig und verpasse ihr gratis eine Afro-Frisur! Sie soll ihre Eimer alleine schleppen, denn nicht Dan isst ihre Tomaten, dass sie ihn zum Wassertragen anstellt. Dann habe ich Dan eine Moralpredigt gehalten, der mir versprach, kein Wasser mehr für sie zu schleppen …

Wann werden wir in den Weingarten gehen, Trauben holen?

Noch sind sie nicht reif.

Jetzt stiehlt niemand mehr Trauben wie früher. Auch sind keine Säufer mehr im Dorf verblieben. Wenn man noch zwei antrifft, ist's eine große Sache. Alle haben Wein und wissen nicht, wem ihn verkaufen. Der Wein liegt wie die Tränen (wie Vater sagt) in Fässern in den Kellern und ist billiger als das Mineralwasser. Die Leute ziehen es vor, Bier zu trinken, sagt Gevatter Ion, das ist süßer und versäuert nicht den Magen.

Was haben wir da Trauben gelesen, als ich kleiner war, und wie haben wir die gehütet … Vater hatte mich einmal allein im Weingarten neben dem Wald zurückgelassen, damit ich die Ernte hüte, Mama war nach Hause geeilt, die Viecher einsperren und die Kleinen füttern, Vater war den Transport organisieren gegangen. Und ich war die Hüterin. Und hatte keine Angst. Eigentlich fürchtete ich mich in den ersten Minuten vor rein gar nichts. Dann hielt ich jedes Rascheln für einen Drachen. Ich stand bei den Körben mit den Trauben und stellte mir vor, wie die Räuber kommen, die ganze Lese stehlen, alles in einen Sack kippen, und mich ebenso. Stundenlang stand ich da, bis Vater mit dem Traktor kam und wir nach Hause zurückkehrten. Auf einem Traktor zu fahren ist nicht angenehm, der ruckelt und holpert, dass sich einem die Därme im Leib verschlingen. Ebenso wie auf dem Pferdewagen.

Vater brachte von irgendwo aus dem Dorf einen Pferdewagen, um vom Hügel oben die Ernte einzuholen oder den Mist von den Viechern aufzuladen. Wir hatten keinen eigenen Wagen. Zu mir sagte er: Setz deinen Hut mit den Blümchen auf. Er hatte mir im Jahr davor einen Gutsherrinnenhut gekauft, sehr schön, azurblau, hinten mit einer Schleife, und ebenfalls hinten war ein Sträußchen mit allerlei bunten Seidenblümchen. Als ich den Hut aufgesetzt hatte, sagte er: Komm, mein Mädelchen, ich fahre dich durchs Dorf spazieren, die Leute sollen mal sehen, was für ein schönes Mädchen dein Vater hat. Erst einmal drehte Vater zwei Runden mitten durch das Dorf und hielt an, wenn er einen Mann sah, und begann mit dem zu reden, sodass jener dann bald fragte: Ist das dein Mädchen? Ja, antwortete Vater stolz. Aber groß ist die. Morgen, übermorgen werden die jungen Kerle an eurem Tor stehen. Nein, die muss noch wachsen und hat noch zu lernen … und immer so weiter. Erst wenn Vater alle seine Freunde getroffen und es satthatte, mit ihnen zu reden, fuhren wir die Bohnen einholen. Mich aber stellt er nicht an, Bohnenschoten zu pflücken, denn die sind zu trocken und könnten mich kratzen, du passt auf das Pferd auf, dass es da ruhig stehen bleibt.

Wenn Vater jetzt nach Hause kommt, fährt er mich nicht mehr mit dem Wagen spazieren. Jetzt will er auch keinen

Wagen mehr haben, er will einen kleinen Traktor, denn ein Pferd ist schwer zu halten, und der Traktor braucht kein Futter. Sperrst ihn in seinen Schuppen und reist für drei, vier oder so viele Jahre, wie du eben willst, nach Russland zum Geldverdienen. Und meine Brüder sind entzückt, schon jetzt geben sie an im Dorf mit Vaters zukünftigem Traktor. Er braucht noch ein, zwei Jahre, dann kauft er einen. Mir hätte ein Pferd besser gefallen ...

Niemand mehr bringt uns Früchte aus dem Wald, Vater brachte uns früher welche, wilde Birnen, klein und sehr süß, wilde Kirschen, Aprikosen und späte Pfirsiche, Pflaumen und Zwetschgen, Quitten und saftige Äpfel. Ich habe den Brüdern versprochen, diese Woche mit ihnen einen Ausflug in unseren Weinberg zu machen. Ich erinnere mich an einen Kirschbaum und einen Weichselbaum, vielleicht sind da noch Früchte dran. Der Weichselbaum steht gleich am Wegrand, aber der Kirschbaum ist mitten im Weinberg des alten Pleşca. Wir werden sehen, ob sie Früchte tragen und noch etwas übrig ist. Wir müssen aufpassen, dass er uns nicht erwischt, aber, wer weiß, vielleicht tragen die Bäume in diesem Jahr gar nicht, oder die Früchte sind noch nicht reif. Die Jungs wären sehr glücklich, sie würden sogar die unreifen Früchte essen. Vielleicht sind die Trauben schon reif, oder man kann schon die grünen Nüsse essen. Bloß kann ich die nicht schälen. Uns haben immer Mama oder Vater die Nüsse geschält. Und dann waren ihre Hände grün von den Nüssen und nachher schwarz vom Jod in der Schale ... Niemand bringt uns Früchte. Wenn man auf freundliche Mitbringsel von dem einen oder anderen wartet, bleibt man hungrig. Alle kümmern sich um ihre eigenen Kinder, ihre Familien, wenn du dir nicht selber den Tornister füllst, hast du nichts. Wir werden Wasser, Brot, Käse und Kekse mitnehmen, werden gute Waldluft atmen und uns an bessere Zeiten erinnern, als wir mit den Eltern spazieren gingen. Sie sind bei der Arbeit, wir gehen spazieren.

Heute habe ich endlich gesehen, wer uns den Sand stiehlt. Alle Nachbarskinder spielten in unserem Sand. Sie bauten Paläste, Garagen für ihre Autos, Brunnen, Gräber, begruben schlicht und einfach ihr Bein, sprangen in den Sand, waren den ganzen Tag an unserem Zaun. Seit einiger Zeit habe ich beobachtet, dass der Sandhügel immer kleiner wird. Man kann beinahe nicht mehr dran spielen, also haben wir uns alle drei auf die Lauer gelegt. Und abends spät kam ein Mann vom anderen Dorfrand, ich weiß gar nicht, wie der heißt, mit zwei Eimern und einer Schaufel, die er im Sand stecken ließ, wahrscheinlich, um noch einmal zu kommen und damit er sie nicht jedes Mal mitschleppen muss. Ich dachte: Der kennt keine Scham, hol dir einen Eimer, hol dir zwei, aber nicht ein paar Tage lang immerzu (wir haben nicht schon am ersten Tag gemerkt, dass der Sand immer weniger wurde), bis du allen Sand aus dem Garten der Leute weggetragen hast ... Wir folgten ihm, um zu sehen, wo er wohnt. Und was sahen wir, der Mann baut sich ein Haus, und warum sollte er sein Geld für Sand ausgeben, wenn er ihn umsonst bei ein paar Kindern holen kann! Und was können wir dagegen unternehmen? Wir werden es Vater sagen und dem Patenonkel. Werden seine Schaufel verstecken.

Es ist ein erwachsener Mann, er scheint kräftig zu sein, der schlägt uns, wenn wir uns erdreisten, ihn anzusprechen. Wenn er uns nicht wegen eines Eimers voll Sand sogar umbringt. Sand ist nicht so teuer, aber der Transport kostet etwas, der Traktor oder das Auto, womit man ihn herbeifährt, kosten, da braucht's Geld fürs Benzin. Vater hatte an seine drei Kinder gedacht, daran, dass der Sommer kommt, dass die Kinder was zum Spielen brauchen, und mit wem, denn wenn wir viel Sand haben, kommen auch die Kinder, die keinen haben, und es ist interessanter. Wenn die Sonne scheint, wird der Sand heiß, und wir erkälten uns nicht beim Spielen. Auch Marcel sitzt gerne den ganzen Tag im Sand herum und ist daher gut im Blick zu behalten, man muss ihn nicht immerzu im hohen Gras der Brache suchen.

Eines Sommers musste ich auf Marcel aufpassen, der gerade laufen lernte. Wir setzten ihn auf eine grobe Decke und begannen, noch zwei weitere Mädchen und ich, zu spielen. Wir sprangen reihum mit dem Sprungseil, und ein paar Minuten später merkte eines der Mädchen, dass Marcel verschwunden war. Also los, auf die Suche. Er war nirgends zu sehen, und wir riefen alle Kinder aus der Nachbarschaft zu Hilfe. Es war, als spielten wir Partisanen, Indianer, Forscher, wir schwärmten in Gruppen aus und wetteiferten miteinander, wer als Erstes den verwundeten Partisanen oder den verborgenen Schatz findet. Der Nachbar gegenüber hatte eben erst mit seinem Hausbau begonnen, es gab noch keinen Zaun, und sein Hof war voll Gras, doch dahinter schloss sich eine Parzelle mit sehr hohem und dichtem Wildwuchs an, der für uns Kinder wie ein Wald war, selbst die Erwachsenen waren darin nicht mehr zu sehen. Mutter nannte das ein Gewucher und hatte Angst, es könnte voller Schlangen sein. Dort suchten wir Marcel und fanden ihn schließlich mit einer Hand voll Erde, von der er aß, völlig verdreckt, er konnte noch nicht so gut laufen, zumeist krabbelte er auf allen vieren, und das in diesem hohen Unkraut …

Sodass Vater, fürsorglich, uns Sand gebracht hat, damit wir spielen können, und jener Mann stiehlt ihn; ich glaube, der stiehlt auch bei anderen, denn wo soll der Geld herhaben, wenn er im Dorf wohnt? Und was können wir tun? Am nächsten Tag haben wir etwas Sand in den Hof geschafft, damit er nichts mehr zum Stehlen hat. Ich habe dem Patenonkel gesagt, wie der Dieb aussieht und wo er wohnt. Der Onkel hat ihn getroffen und mit ihm gesprochen, jener hat nicht gesagt, er habe nichts gestohlen, er hat sich bloß was geholt, denn er brauchte dringend zwei Eimer voll, aber er erwartet eine ganze Autoladung und bringt ihn dann zurück, ja, er werde sogar die gesamte Ladung bei uns abladen. Denn er nimmt den Kindern doch nicht den Sand vom Mund weg. Auch sein Junge kommt zu uns, im Sand spielen, und er hat doch kein Hundeherz. Wir essen keinen Sand … Der Patenonkel sagte, wenn uns jemand etwas Böses tut, sollen wir es ihm sagen. So ohne weiteres lassen wir uns von niemandem verprügeln. Aber wir gehören niemandem, niemand ist wie Mama oder Vater. Wenn Vater zu Hause wäre, würde der Mann keinen Sand stehlen. So aber können sie uns sogar den Zaun stehlen, wenn's drauf ankommt. Was können da drei Kinder schon tun? Denn ich bin ihrer Meinung nach auch noch ein Kind.

Ich kann mir nicht einmal mehr vorstellen, wie es ist, mit Mama und Vater zu Hause zu sein. Wenn sie dir die Kleider waschen, sie saubermachen, das Essen zubereiten, und du drehst Däumchen. Ich hasse es beispielsweise, den Fußboden aufzuwaschen. Am Freitag beim Großreinemachen hab ich Dan zum Aufwaschen angestellt, ich hatte überhaupt keine Lust dazu. Dan hat gewissenhaft gearbeitet, er war völlig verschwitzt, ich habe ihn gelobt. Als ich genauer hingeschaut habe, waren alle Wände bespritzt. Als er den Lappen ausgewrungen hat, hat er ringsum alles vollgespritzt. Mit einem sehr sauberen Lappen, Wasser und Seife musste ich die Wände abwaschen. Aber der Kalk ist keine abwaschbare Farbe, sodass die Flecken nicht ganz rausgingen, sie werden dort bis zum nächsten Weißeln verbleiben. Hätte ich aufgewaschen, so hätte ich mich nachher nicht dreimal mehr plagen müssen. Aber kann man Dan böse sein? Ich bin schuld, ich hätte das Kind nicht ausbeuten dürfen. Die Frauen sind verantwortlich für die Sauberkeit im Haus. Das ist keine Männerarbeit. Außerdem wundere ich mich, dass er einverstanden war, aufzuwaschen, es war das erste Mal, dass er es wollte. Und das letzte Mal, dass ich ihn dazu angehalten hab.

Die Kinder töten Fliegen, Mäuse und Frösche. Die Frösche sind nützlich, sie fressen Fliegen und Stechmücken, ich habe den Brüdern gesagt, sie sollen sie nicht umbringen. Fliegen dürfen sie töten, aber ich mag es nicht, wenn sie sie quälen. Sie reißen ihnen einen Flügel oder ein Beinchen aus und beobachten sie dann. Kinder sind böse und grausam. Auch Dan und Marcel sind manchmal böse. Wenn man sie allein lässt, spielen sie ein bisschen, dann fangen sie an, sich zu verprügeln und wie zwei Hunde übereinander herzufallen. Ich weiß nicht mehr, was ich noch tun könnte. Sie streiten und schlagen sich. Dann versöhnen, umarmen und küssen sie sich und spielen wieder miteinander. Und wenn ein Junge kommt, der ihnen nicht passt, verscheuchen sie ihn. Das ist unser Sand, hau ab! Das sind meine Autos, die rührst du nicht an! Ich habe Mitleid mit dem Jungen. Als ich klein war und mit jemandem spielen wollte, ging ich zu zwei Schwestern in der Nachbarschaft, die mich stets verjagten, sie waren zu zweit und wollten miteinander spielen, mich konnten sie nicht brauchen. Vor allem, wenn sie etwas Gutes zu essen hatten, verjagten sie mich, denn sie wollten nicht mit mir teilen. Und ich hatte einen solchen Appetit! Nicht einmal Kirschen, die bei ihnen auf dem Baum verdarben, wollten sie mir geben. Ich sagte es Mama, die ihre Mutter um ein paar Kirschen für mich bat. Die Mutter der Mädchen war nicht so geizig, sie gab mir welche. Einmal bin ich heimlich auf ihren Kirschbaum geklettert, aber sie sahen mich und wollten mich mit einer langen Stange herunterschubsen. Los, runter von unserem Kirschbaum, schneller! Ich habe es Mutter gesagt, und die ist hingegangen und hat mir ein Eimerchen voll gepflückt, daraufhin habe ich mir die Taschen vollgestopft und sie von hinter dem Zaun her mit den Kernen beschossen. Sie sahen nicht, wer auf sie schießt. Was hätten sie gesagt, wenn sie mich gesehen hätten: Die isst Kirschen von unserem Baum und wirft mit den Kernen nach uns! Hätten sich bei ihrer Mutter beklagt, die sich bei meiner Mama beschwert hätte, und die hätte mich ausgeschimpft.

Lass nur, nach ihren Kirschen reiften unsere Aprikosen. Was haben wir für Aprikosen! Ich suchte mir eine reife aus, die allerschönste, wie gemalt, und ging damit auf die Straße, aber ich aß sie nicht, ich roch bloß daran, drehte sie um und um, bis die geizigen Schwestern vor Gier beinahe zerplatzten. Sollten sie doch ihre Mutter bitten, sie möge meine Mama um ein paar Aprikosen für ihre Brut bitten. Als ihre Kirschen reif waren, hatte ich zu ihnen gesagt: Wir werden Aprikosen und Pflaumen haben, da werdet auch ihr welche bekommen wollen, aber sie hatten mich trotzdem weggejagt. Der Aprikosenbaum ist groß, aber der Pflaumenbaum trägt nur alle Jubeljahre, und wenn er mal trägt, fallen schon die grünen Früchte ab. Grüne Pflaumen schmecken nicht, aber die grünen Aprikosen mögen wir. Nur dass wir nicht unsere essen, sondern die anderswo. Bei unseren warten wir ab, dass sie reifen. Ich warte, Dan weniger, ich habe ihn auf frischer Tat ertappt. Auch Marcel hätte welche gepflückt, aber er reichte noch nicht hin, war noch zu klein. Es ist dumm, wenn man Bäume am Zaun stehen hat. Wer auch immer auf der Straße vorbeigeht, langt nach deinen Früchten.

Manchmal gehe ich auf der Straße und möchte gerne etwas finden. Immer, wenn man sucht, findet man etwas. Manchmal nur einen sehr schönen Knopf, ein gutes Zeichen. Ich gehe und gehe, bis mir auf dem Weg etwas begegnet. Ich habe auch einen Männerkamm gefunden, für ganz kurzes Haar. Einen Handschuh, eine Haarspange, eine kleine blaue Kugel. Ich habe Münzen gefunden und einmal sogar fünf Lei. Auch Dan und Marcel finden mitunter etwas, aber sie interessieren sich nur für Spielzeugautos und Fahrräder und schleppen allerlei Rädchen oder Spielzeugteile an.

Aber etwas zu verlieren, das mag ich überhaupt nicht! Ich will nichts verlieren, niemals. Ich hatte einen Schmetterling, mit dem man die Haare raffen konnte, rannte auf der Straße, doch als ich zu Hause ankam und er mir einfiel, war er nicht mehr da, ich hatte ihn verloren. Ich suchte alle Straßen ab, auch dort, wo ich nicht vorbeigekommen war, vielleicht hatte ihn ja der Wind verweht, aber er war nirgends. Sicher hatte ihn jemand gefunden und sich gefreut. Jetzt habe ich kurze Haare, denn es ist niemand da, der mir Zöpfchen flechten würde. Sooft Mama nach Hause kommt, schneidet sie mir die Haare. Und sie wachsen umso schneller. Früher hatte ich ganz lange Haare, und Mutter wusch sie mir und spülte sie mit Kräutern und Essig. Und ich hatte viele Haare auf dem Kopf, buschige und dichte. Mutter sagte, die großen Mädchen laufen mit langen Haaren herum, aber ich bin noch kein großes Mädchen. Angela, meine Mitschülerin, deren Mutter ebenfalls in Italien arbeitet, hat langes gelbes Haar, dünn wie Seide. Sie flicht sich selber Zöpfe. Sie kann sich zwei Zöpfe flechten oder nur einen, von oben, von der Schädeldecke her, oder von unten, kann sogar in Ährenform flechten. Ich kann das nicht. Ich habe auch nie daran gedacht, es zu lernen, schließlich hatte Mama sie mir geflochten. Hätte ich eine kleinere Schwester gehabt, so hätte ich vielleicht an ihrem Kopf zu flechten gelernt, so aber … Mama hatte eine leichte Hand, sie zog mich nicht an den Haaren.

Stimmt es, dass dort, in den sehr reichen und entwickelten Ländern, die Kinder zu nichts gut sind? Stehen sie nicht ihren Eltern bei, kümmern sie sich nicht um ihre Geschwister, können sie kein Essen zubereiten oder Ziegen melken? Kleine Parasiten im Nacken der Eltern! Mit Vätern, Müttern, Kindermädchen, Erzieherinnen, und sie, pummelig und dümmlich, lassen sich waschen, ernähren, anziehen, schlafen legen, aufwecken und erziehen.

Mit zwölf Jahren sind die Kinder sehr große Menschen und verantwortlich, sie kümmern sich um andere, kleinere Kinder. Mit zwölf Jahren weinen sie nicht, dass sie zur Mutter oder zum Vater wollen, sie machen am Freitag oder Samstag im ganzen Haus sauber. Der kleine Dummkopf hat alle Wände mit dem Lappen eingespritzt, damit ich ihn nicht noch einmal anstelle, den Boden aufzuwaschen. Aber sie haben Äpfel gerieben, bis ihnen das Blut aus den Fingern gequollen ist. Und keiner hat geweint. Da war etwas Blut beim geriebenen Apfel, aber das machte nichts, ist schließlich nicht giftig. Die Pfannkuchen aßen sie mit verbundenen Händen, aber sie sagen, es tue nicht weh, sie hatten sich die Finger so oft aufgerissen, dass ich das ganze Verbandszeug aufbrauchte. Mit zwölf Jahren mache ich Pfannkuchen für meine Brüder. Auch Krapfen machen wir, denn das ist nicht schwer, mit Blättern aus Teig darauf, als Dekoration. Wenn ich sie aus dem Herd hole, isst Dan alle Blätter ab, noch heiß. Ich ärgere mich, aber dann vergeht es mir wieder. Es ist ohnehin niemand da, der sehen könnte, wie schön sie sind, schließlich ist nicht Ostern, sodass wir mit den Krapfen zur Kirche gehen und das ganze Dorf sie bewundern kann. Ich weine überhaupt nicht, niemals, wem sollte das nützen? Uns geht es gut, wir haben zu essen. In unserem Haushalt gibt es einen Hund und einen Kater, ein Schwein und Hühner. Wir essen Kekse mit Erdbeercreme. Ich weine nicht, aber manchmal überkommt es mich, und dann würde ich mich am liebsten in eine Ecke verkriechen, damit mich meine Brüder nicht sehen. Ich weiß, dass es überhaupt keinen Grund gibt, zu weinen, ich bin ein großes und gesundes Mädchen, es geht mir sehr gut, und meinen Brüdern ebenfalls, nichts tut ihnen weh, es regnet uns nicht zum Dach herein, wie anderen, deren Vater zu Hause ist und deren Waschschüssel auf dem Dachboden unter dem Loch im Dach steht. Bei uns ist alles gut. Und was hat es schon zu bedeuten, wenn auch ich ein klein wenig grundlos weine.

Mutter, als du einmal gefragt hast, wie es der Katze geht, du erinnerst dich, vor etwa zwei Jahren, da hat sie unser Nachbar eben ins Feuer geworfen, wo sie unter schrecklichen Qualen gestorben ist, und gestern, als du nach Dan gefragt hast, verkrampfte sich mir das Herz vor Beunruhigung. Dan war nicht zu Hause, er hatte gesagt, er gehe zu den Kindern zum Spielen, und war noch nicht zurückgekehrt. Als ich mit dir gesprochen hatte, bin ich sogleich losgegangen, ihn suchen. Ich fand ihn unter anderen Kindern, packte ihn an der Hand, los, nach Hause, damit dir nichts passiert. Nach ein paar Schritten begann er zu jammern, dass er nicht so schnell gehen kann, weil sein Fuß wehtut. Als ich ihm das Hosenbein aufgekrempelt habe, bin ich erschrocken. Das Bein war aufgeschürft, geschwollen und blau. Er war mit dem Fahrrad einen Abhang hinuntergestürzt, er hätte es sich brechen können! Das Fahrrad, er hatte es sich von einem Jungen geliehen, hatte keinen Kratzer. Sonst hatte er keine größeren blauen Flecken mehr, nur am Ellbogen war die Haut ein bisschen aufgeschürft. Ich habe ihm ein Auberginenblatt aufgelegt und ihn mit Spiritus abgewischt. Und zusammen mit Marcel haben wir draufgepustet, damit es nicht brennt und schneller heilt.

Wie sehr hatte ich jenes Kätzchen gemocht! Ich hatte es eines Winters mit nach Hause gebracht, klein und hungrig hatte ich es auf der Straße gefunden und mitgenommen. Vater sagte nichts, aber als es erwachsen war und Junge geworfen hat, hat er alle Kätzchen genommen und zur Schlucht gebracht. Denn wir halten Schweine in unserem Haushalt, nicht Katzen. Eine Katze reicht uns. Ich bin losgegangen, sie zu suchen, und die Katze ist mir gefolgt, beide haben wir entlang der Schlucht Ausschau gehalten, aber kein einziges Katerchen gefunden, so haben wir beide geweint. Und da sagen noch manche, die Tiere hätten kein Herz, keine Seele. Die Katze hatte Menschenaugen, traurig waren sie und schmerzerfüllt. Die werde ich nie vergessen. Im Jahr darauf hat Dan, der damals beinahe vier Jahre alt war, befürchtet, Vater würde die Katzenjungen wieder in die Schlucht werfen, und hat eines in der Waschmaschine versteckt, ohne uns etwas davon zu sagen. Die Katze miaute neben der Waschmaschine herum, aber bis wir das Kätzchen gefunden hatten, war es verhungert. Vater aber hatte die anderen beiden Kätzchen am Leben gelassen, denn ich hatte zwei Kinder gefunden, die bei sich zu Hause eine Katze brauchten, wenn die Kätzchen größer waren, und Mama hatte gesagt, es ist nicht gut, die Tiere wie ein Krimineller umzubringen. Siehst du denn nicht, wie die Kinder darunter leiden? Die Katze wusste nicht, was wir beschlossen hatten, und blieb immerzu in der Nähe der Kleinen und beschützte sie vor Vater. Sie ging was fressen und kehrte eilig zu ihren Sprösslingen zurück, waren sie noch da, waren sie weg? Dann begriff sie, dass niemand sie umbringen wird, und führte sie vom Dachboden herunter an die Sonne, in den Garten, ließ sie in unserem Beisein spielen und sich kosen. Sie war stolz, seht ihr, was ich für schöne Kinderchen habe? Eines war braun gefleckt, genauso wie sie, das andere war weiß, nur die Vorderbeine hatten schwarze Strümpfchen. Als die Katerchen etwas größer waren, brachte sie ihnen Spatzen und Mäuse. Ich merkte, dass sie die Leckerbissen nur dem Braungefleckten gab, dem Weißen gab sie nichts. Der war tatsächlich dünner. Vielleicht ähnelte er dem Vater-Kater, der sie verraten hatte und zu einer anderen Katze, einer schöneren mit einem flauschigeren Fell, übergegangen war. Darum liebte die Katze jenes mehr, das ihr ähnelte.

Manchmal, wenn ich mit dir gesprochen habe, lastet die Traurigkeit schwer auf meiner Seele! Ich möchte weinen, aber kaum dass meine Augen ein bisschen zu tränen beginnen, fangen auch schon die Brüder zu jammern an und beruhigen sich nicht mehr. Auch verstecken kann ich mich nicht und sorglos vor mich hin weinen, denn meine Augäpfel röten sich, und ich bekomme Kopfschmerzen …

Marcel kommt klagend herein.

Warum weinst du, sag?

Er hat mich geschlagen.

Wer kann ihn denn geschlagen haben, denn ich habe ihn mit keinem Kind spielen gesehen, er war nicht auf der Straße, den ganzen Tag sitzt er uns im Nacken und nervt uns. Dan sagt, er hat zu tun, und ich muss ihn lange und sehr schön bitten, mit ihm zu spielen.

Wer hat dich denn geschlagen?

Vater.

Marcel wusste, dass ich ihm nicht glauben und ihn anschauen werde, als sei er nicht ganz dicht, also packte er meinen Rocksaum und zerrte mich hinter sich her. Er führte mich ins hinterste Zimmer, wo es kalt und finster ist, und ich sah es. Er hatte ein Kissen in Vaters alten Mantel gesteckt, den Hut darauf gesetzt, von dem ich wusste, dass er Vater gehört, der ihn nie getragen hat, jedenfalls hatte ich ihn noch nie damit gesehen. Marcels Vater hatte auch Stiefel und Hosen. Marcel schaute mich triumphierend an, na also, siehst du, Vater. Dann nahm er einen Stock (woher er den haben mochte, so lang und dünn, wie er war), mit dem hatte er ihn also geschlagen. Ich nahm den Stock und gab ihm einen Streich auf den Hintern.

So?

Ja, sagte er und weinte nicht, weil ich ihn geschlagen hatte.

Aber was hattest du getan?

Er hatte gesagt, ich soll die Tiere füttern, und ich habe ihnen kein Futter gegeben, ich soll im Haus saubermachen, und habe es nicht getan. Du Schmarotzer, hat er gesagt. Umsonst hat man einen wie dich im Haus.

Diese Kinder ahmen alles nach.

Umsonst halte ich dich hier im Haus, du Schmarotzer!, hatte Vater zu unserem Kater gesagt, der immerzu um Fressen bettelte und keine Mäuse fing. Dass er nicht die Tiere füttert, wird er auf der Straße von jemandem gehört haben, warum sollten wir Marcel, der noch so klein ist, anstellen, die Tiere zu füttern? Nicht einmal den Hund füttert er, damit der Hund nicht auf den Gedanken kommt, er sei der zweite Gang, und ihn noch auffrisst.

Und hinter das Haus, wo alle Werkzeuge von Vater den Hintern in die Luft recken, geht keiner von uns mehr. Nicht einmal Mama, die überall aufräumte, ging dorthin, sie sagte bloß zu Vater: Du hast hinter dem Haus nicht aufgeräumt! Jetzt aber ist alles geordnet. Ab und zu kommt der Patenonkel und kramt dort nach einem Hammer, wir aber gehen dort nie hin.

Marcel geht oft in das Vaterzimmer, und dann höre ich ihn reden, sie streiten, dann bleibt er einfach so an den Mantel geschmiegt sitzen, bis er einschläft. Dort aber ist es ziemlich kühl, und ich wecke ihn auf, er aber will das Zimmer nicht verlassen, will noch eine Weile bei Vater bleiben. Wenn er mich etwas fragt, worauf ich ihm nicht antworten kann, sage ich, frag Vater. Eines Tages hat Dan Vater zerstört. Er hat sich über etwas geärgert, ich weiß nicht mehr, was es war, und hat den Hut versteckt, den Mantel an den Kleiderrechen gehängt …

Schluss, ich bin müde. Ich würde am liebsten alles wegwerfen. Marcel mag es besonders, wenn ich ihm den Kopf streichle, dann hält er still, nur dass er nicht wie ein kleiner Kater vor Vergnügen schnurrt. Als hätte ich nichts anderes zu tun.

Abends jedoch, wenn er nicht essen will oder nicht einschlafen kann, wartet er darauf, dass ich ihn streichle, also bleibt mir nichts anderes übrig.

Und wo er doch immerzu davon träumt, dass Mama ihm morgens das Frühstück macht, und da ich gesehen habe, wie er sich den Vater gebaut hat, nun ja, dann mache ich ihm eine solche Mama. Ich habe einem Kissen ein Kleid angezogen, einem Zipfel des Kissens ein Kopftuch aufgesetzt, und fertig war die Mama. Willst du eine Mama haben, bittschön, eine Mama. Ich steckte einen Arm durch den Ärmel des Kleides, und sieh, wie im Theater, die Mama schenkt ihrem lieben Bübchen Tee ein. Dan trat ebenfalls in mein Spiel.

Mama, gieß auch mir den Tee ein.

Aber Marcel fing an, das Kissen mit den Fäusten zu traktieren, sodass ich etwas von dem heißen Tee vergossen habe.

Ich will keinen Tee von einem Kissen!

Er hat uns die Laune verdorben. Wir wollten spielen, meinten, dann wird es lustiger sein.

Nächstes Mal musst du ihm drei Tage vorher sagen, dass du abreist. Musst du ihn psychologisch vorbereiten.

Dan versteht, er weint nicht, ich sage zu ihm, dass er ein großer Junge ist, was auch du zu ihm gesagt hattest, dass er der Mann im Haus ist, dass er morgen, übermorgen in die Schule geht, dass er den schönsten Anzug, den schönsten Schulranzen, die allerschönsten Hefte und alles, was er sonst noch braucht, haben wird, schließlich arbeitet Mama nicht umsonst und verdient Geld, und Vater ebenso, das tun sie für uns. Ich sage zu ihm, dass er beinahe schon größer ist als ich, dass er klug und erwachsen ist und die Situation versteht.

Eigentlich weiß ich nicht, wie viel er versteht, aber wenn Marcel weint, hört Dan auf zu schluchzen und hilft mir, das kleinere Kind zu beruhigen. Der es fertigbringt, drei Tage lang ununterbrochen zu weinen. Er wacht morgens auf, Mama ist nicht da, Vater ist nicht da, und wenn er weint, klingt es, als ob er sänge. Ich glaube, er hört sich gerne weinen. Als wäre er ein Klageweib bei einem Begräbnis. Er lässt die Stimme ansteigen und herabsinken. Wenn er mit dünnem Stimmchen brüllt, klingt es nach einer Ziege, wenn er kräftiger weint, mit tiefer Stimme, klingt es nach Schaf oder einem jungen und verwöhnten Ziegenbock, der um Milch bettelt, nachdem man ihn ins Gatter gesperrt hat.

Wir sitzen da und können so gar nichts tun, wir können bloß warten, dass er einschläft und im Schlaf weiter schluchzt. Wenn er so jammervoll weint, hören wir dies im Nebenzimmer, und ich sage zu Dan: Ich bin stark, mir ist nicht nach Weinen, wenn ich das höre. Dan: Nein, ich bin stärker. Wir sitzen uns gegenüber, um zu sehen, wer zuerst weint. Wenn an Dans Wange etwas herabrinnt: Das ist keine Träne, ich schwitze, es ist zu warm. Manchmal kommt Marcel mit Tränen in den Augen herein, er schaut uns an und versteht nicht, was wir tun, warum wir uns derart mit den Blicken aufspießen.

Dreijährige Kinder sind unheimlich gescheit. Je größer sie dann werden, umso dümmer werden sie. Marcel ist oftmals viel gescheiter als Dan. Er hat die Lösungen für sämtliche Probleme und Situationen noch nicht gelernt und denkt mit seinem eigenen Kopf. Wenn man zu lernen beginnt, bekommt man die Antworten für allerlei Situationen fertig geliefert, von hier bis hier, aber das Leben hat keine genauen Grenzen, und weil nicht alle Menschen oder Tiere nach den gleichen Regeln funktionieren, entstehen Probleme, so etwas wie Löcher in der Kommunikation. Die Menschen denken nicht mehr, sondern lernen Antworten auswendig. Das hat mir nicht die Lehrerin gesagt, ich bin selber darauf gekommen. Gewiss, Marcel hat sich im vergangenen Winter mit dem Hintern an die Ofentür gelehnt, der Ofen war erst lauwarm, aber das eiserne Türchen vor dem Feuer war schon glühend heiß. Woher sollte er das wissen? Danach kam er immer wieder zu uns, wandte uns den nackten Hintern zu und bat unter Tränen: Pustet, denn das brennt. Wir verzehrten uns zwar nicht danach, aber er war dermaßen verbrannt, denn die Haut am Hintern ist sehr dünn und zart, dass wir kräftig bliesen, damit Marcel hörte, wie wir uns um ihn bemühten. Dort hat sich dann eine Blase gebildet, und er konnte sich weder hinsetzen noch auf dem Rücken schlafen, der Arme. Er hat keine Narbe davon behalten.

Unter dem Bett atmet jemand tief.

Mama, jemand Riesiges ist unter dem Bett und schläft tief! Ich habe eine solche Angst, dass ich schreien möchte! Der Atem verstummt, wenn ein Bruder hereinkommt oder ich den Fernseher einschalte. Ich höre ihn nur, wenn es still ist. Manchmal hält er inne, als würde der Riese ein Auge aufschlagen und mich betrachten, es wieder schließen und weiterschlafen. Ich weiß, dass dort unter dem Bett niemand ist, aber ich spüre ganz intensiv eine Anwesenheit. Einmal habe ich den gleichen riesigen Atem in der Schule gespürt, als ich in die Klasse trat und niemand da war, ich war als Erste angekommen, der Raum war offen, ich habe die Tasche auf die Bank gelegt und ein bisschen der Stille gelauscht. Und es gehört. Vielleicht atmet die Erde so. Als ich eines Tages alleine in den Weinberg gegangen bin, ich ging barfuß durch den Klee, und das weiche Gras kitzelte mich an den Fußsohlen, da empfand ich die Erde wie ein sanftes und liebendes Tier, das mich mit allem, was es hat, streichelt, mir Leckereien schenkt und mich liebt wie ein Großvater oder eine Mutter, die ihr Kind an die Brust drückt. Ich lauschte der Erde, und sie atmete. Damals auf dem Weg fürchtete ich mich nicht. Hätte mich ein Grashalm etwas gefragt, ich hätte ihm geantwortet, ohne zu erschrecken. Ich überlege, ob man bei uns im Haus auch die Erde atmen hört, oder ob es etwas anderes ist. Ich will mich nicht mehr fürchten.

Bei uns im Dorf gibt es keine so schönen Jungs wie unseren Cousin Lucian. Er ist auf dem Lyzeum in Chișinău, ein Städter, er hat schwarze Augen, schmale Brauen, rote Lippen und ist Großmutter vor ihrem Tod besuchen gekommen. Auch ein paar Früchte essen und frische Waldluft atmen. Er hat Leckereien aus der Stadt mitgebracht, das meiste davon für uns, denn wir sind elternlose Kinder. Die meiste Zeit ist er bei uns und spielt mit meinen Brüdern. Als wir uns trafen, umfasste er mich mit beiden Händen an der Taille und sagte, schau an, du bist so dünn, dass ich dich mit meinen Händen umfassen kann. Weil du lange Finger hast, hab ich ihm geantwortet. Aber am besten war es, als er mich mit zwei Fingern am Kinn anfasste und mir lange in die Augen schaute, genau so wie in den Filmen, und dann küsste er mich auf die Wange. Cousinchen, sagte er, und ich spürte, wie ich knallrot wurde, als hätte er wer weiß was gesagt, und weil ich nicht erröten wollte, bin ich noch röter geworden. Ich hatte Angst, er könnte irgendeinen Makel in meinem Gesicht gesehen haben, dass ich mir die Augen nicht gut genug gewaschen habe oder mir mitten auf der Nase ein Pickel gesprossen ist.

Dann spielte Lucian mit meinen Brüdern (er hat weder Brüder noch Schwestern, ist allein bei seinen Eltern, wie ein Prinz) oder nahm sie mit auf Spaziergänge zu irgendwelchen Verwandten, wo sie alle etwas aßen und mich damit einer weiteren Sorge entledigten. Gut, dass die Brüder, die ihn so gernhaben, ihm abends, wenn er sie nach Hause brachte, keine Ruhe gönnten, bis er versprach wiederzukommen. Sie fragten, wann kommst du wieder, und wenn er sagte, ich weiß nicht, begann Marcel zu betteln. Und er war nicht still, bis ihm Lucian versprochen hatte, dass er morgen auf jeden Fall wiederkommen werde. Bravo, meine Brüder. Auch ich wollte, dass er am nächsten Tag wiederkommt, aber ich wäre nicht wie sie in der Lage gewesen, ihn zu überzeugen.

Zwei große Mädchen mit Titten sind an unser Tor gekommen und haben nach ihm gefragt. Er ist abgereist nach Chișinău, hab ich gelogen. Ich weiß nicht, ob sie mir geglaubt haben, aber sie sagten: Jedes Mädchen hat seinen eigenen Cousin, nicht nur du. Ich glaube, die wohnen nicht weit von Großmutter. Der hat ihnen nach Mann gerochen, den liederlichen Weibsen. Ich hab es Lucian nicht gesagt. Tante Zina, seine Mutter, hat mich gebeten, ihr einen Eimer Aprikosen für

Kompott und Konfitüre zu pflücken, sie wird auch uns etwas davon abgeben, ich hoffe, ebenfalls durch Lucian. Am letzten Tag werden wir Aprikosen pflücken, damit sie noch frisch sind, wenn er damit in der Stadt ankommt.

Lucian hat alle seine Cousins auf die Hutweide eingeladen, zum Ballspielen. Ich wäre lieber allein mit ihm oder mit ihm und meinen Brüdern hingegangen. Auf der Hutweide gab es eine Schaukel, und Lucian hat nur mich geschaukelt. Sicher werden die Cousinen sagen, weil ich keine Mutter und keinen Vater habe oder weil ich ihm Aprikosen pflücken werde, aber ich glaube nicht, dass er es nur deshalb getan hat. Während sie alle mit dem Ball spielten, sind wir beide in den Wald gegangen, damit ich ihm die Quelle mit dem Kreuz zeigen konnte. Als wir ein bisschen getrunken hatten, setzten wir uns ans Wasser, und er sagte: Kindchen, leg deine Hände auf meine Knie. Ich glaube, die Ewigkeit ist auf dem Dorf geboren worden. Als ich ihm die Hände auf die Knie legte, hat er das Gedicht vergessen. Er dachte ein bisschen nach, dann sagte er mir, dass seine Mutter ihn zu Ehren eines großen Dichters Lucian genannt hat. Dann hat er meine Hände von den Knien genommen, als wären sie zu heiß gewesen, und gesagt, ich sei so schnell gewachsen, er erinnere sich an mich, als ich so klein wie Marcel war, ja sogar noch kleiner, und er mich in den Armen gehalten hat. Ich erinnere mich nicht, aber auch jetzt möchte ich in seine Arme. Ich kann mir gar nicht vorstellen, wie ich jemals hatte so klein sein können, so klein wie Marcel. Ich erinnere mich, wie ich wie Dan war. Ich habe immer noch die kleinen Röckchen und erinnere mich, wie ich sie anzog. Eines mit Matrosenstreifen, das gefiel mir besonders gut.

Dann zeigte ich Lucian, wie die Mädchen sind, wenn sie wachsen, er hat keine Schwestern und weiß es nicht. Er bat mich, sagte, wenn ich mag, soll ich es ihm zeigen. Er hatte den Eindruck, meine Brust würde stechen, er zog an den Spitzen und fragte, ob es wehtut. Es tat nicht weh. Ich dachte an die Hörnchen eines Zickleins, als er sagte, die stechen. Dann begaben wir uns etwas abwärts, wo er länger hinschaute und mich ein Schauder durchlief. Ich habe bei ihm nicht allzu viel gesehen, denn er fürchtete, die Kinder könnten kommen und sehen, was wir tun. Er sagte, er werde zu uns kommen und mir etwas zeigen, aber wegen der Brüder, die ihn keinen Schritt allein tun ließen, zeigte er mir nichts. Erst als wir beide zum Aprikosenpflücken auf den Baum gestiegen sind, zeigte er mir, wie auch er sticht. Die Brüder waren, als von Arbeit die Rede war, zum Spielen davongerannt und hatten uns endlich allein gelassen. Gib mir deine Aprikose, ich reiche ihm meine Aprikose, und er lacht, nein, nicht diese. Die Aprikose, also die Wange, nicht die, die wir pflücken. Er zog mich auf seinen Ast und küsste mich. Lange saßen wir so aneinandergeschmiegt, aber ich hätte ein ganzes Leben lang so sitzen bleiben können, das ganze Leben hätte ich an seiner Seite auf dem Ast gehangen, wie ein Vogel, wie zwei Vögel. Wenn bloß kein Regen kommt. Dann ist Lucian abgereist. Bei der Abreise sagte er, er werde wiederkommen. Ich sagte ihm, wie viel Obst wir im Herbst haben, natürliches Obst, das niemand gespritzt hat, denn da war keiner, der es hätte tun können, er soll zu uns kommen und hier pflücken, wozu in der Stadt dafür Geld ausgeben. Er sagte, dass seine Mutter ihm nicht erlaubt, zu lange im Dorf zu bleiben, wo es viele Säufer und Huren gibt. Auch gibt es viele böse

Jungs, vor denen ich mich hüten soll. Ja, ich soll mich gemeinhin vor allen hüten, denn ich bin noch so klein. Wie klein? Schau, ich reiche dir bis zur Schulter. Dann hat mich Lucian in die Arme genommen und mich mehrmals umgedreht, du bist klein und leicht wie eine Puppe. Musst noch etwas wachsen. Und obwohl ich klein und leicht bin, hat er mich auf die Lippen geküsst, als hätte er meine Gedanken lesen können. Jetzt hat er mich zum zweiten Mal geküsst, das erste Mal im Aprikosenbaum.

Nun bin auch ich im Reinen mit der Welt. Man kann lange und kräftig angeben, dass man geküsst hat, lügen, damit die Mädchen in der Klasse vor Neid verrecken. Jetzt aber weiß ich, wie es ist, und ich sage es keinem. Ich bin eine erfüllte Person und beinahe schon ein großes Mädchen.

Für Marcel heißt groß sein, so groß wie Daniel zu sein. Jetzt hält er sich nur deshalb für klein, weil Dan einen Kopf höher ist als er.

Für Dan heißt groß sein, ebenso groß wie Vater zu sein. Dan wächst sehr schnell, er wird von Tag zu Tag länger. Anfangs dachte ich, seine Hosen werden vom vielen Waschen kürzer. Ich sagte Mama, das Material sei nicht gut. Vielleicht laufen die Hosen tatsächlich ein, aber auch Dans Beine werden länger, sagte Mama. Unser Bub wächst. Die Arme wachsen nicht so schnell. Den Hemden entwächst er langsamer. Sie passen ihm noch alle. Ich habe Dan erwischt, wie er ein Hemd von Vater anzog.

Für mich heißt groß sein, einmal im Monat zu bluten. Drei

Mädchen aus unserer Klasse bluten schon, vielleicht auch mehr, aber sie hüten sich, es zuzugeben. Die Mädchen mit Zyklus sind anders. Sie springen nicht mehr Seil in der Pause, halten sich mit gewichtiger Miene den Bauch und schauen uns von oben herab an, als wären sie in einem Monat um so viel gewachsen wie andere in zwanzig Jahren. Sie sind keine Mädchen mehr, sie sind Frauen. Eine ist erst elf Jahre alt. Ich bin schon zwölf, und nicht einmal mein Busen tut sich irgendwie nennenswert hervor. Ich will schneller Frau sein. Ich habe mir viel Watte gekauft und sie beiseitegelegt. Als Mama das letzte Mal zu Hause war, hat sie ein Paket mit speziellen Slipeinlagen mitgebracht, für Frauen, sagte sie. Ich denke, für mich, wenn es so weit ist. Ich wollte das Paket nicht aufmachen, wollte noch warten, ich hab Geduld, sagte ich mir. Ich fürchtete, wenn ich es aufmachte, würde Staub hineingeraten, und sie wären nicht mehr hygienisch. Ich konnte mich nicht zurückhalten und habe es trotzdem aufgemacht, es waren viele kleine versiegelte Päckchen darin. Ich habe eines aufgemacht, und es hat mir sehr gut gefallen. Wie sich seine Flügelchen öffnen, wie es nach Kamille riecht, wie es fixiert wird und so sitzt, wie du es willst. Ich kann es kaum erwarten, mir eines ins Höschen zu kleben.

Die Mädchen mit großen Brüsten sagen, dass sie schwer arbeiten, und deshalb sind ihnen die Brüste gewachsen, von der intensiven physischen Anstrengung. Aber das ist nicht wahr! So viel wie ich arbeite, müsste ich schon zwei Kanister haben wie Veronica. Zwei Milch-Kanister, die du dir über die Schultern legen kannst, wie sie die Jungs verspotten. Ich will keine Kanister bis zum Nabel.

Mama schickt uns keine Spielsachen, auch Vater nicht. Geld für Essen, nötige Kleidung, natürliche, aus Wolle oder Baumwolle, gebraucht gekauft oder von den Kindern, bei denen sie arbeitet, ein bisschen Süßigkeiten. Damit wir nicht verfetten, denn das ist mit keiner Diät mehr zu heilen, und Kinder, die zu dick werden, haben automatisch noch zwei, drei weitere Krankheiten. Aber andere Kinder bekommen schöne und sehr teure Kleider, sie kommen damit zum Spielen, und in ein paar Tagen sind sie so zerfetzt, dass man daraus Kälberstricke drehen kann. Ein Junge aus meiner Klasse hat von seinem Vater ein Mobiltelefon bekommen. Wir schauten aus den Augenwinkeln zu, wie er in den Pausen Musik hörte und während des Unterrichts Mitteilungen schrieb. Die anderen Jungs beneideten ihn, sie wollten das Telefon sehen und in der Hand halten, dabei haben sie es aus Versehen ein paar Mal fallen gelassen, und bald war es kaputt.

Im vergangenen Jahr zu Neujahr hat Mama mir fürs Konzert ein Prinzessinnen-Kleidchen gebracht. Es war so schön, dass ich wie eine Königin unter Dienern und anderen gewöhnlichen Sterblichen wirkte. Auch bin ich zur Ballkönigin gewählt worden, alle haben mein Kleid gelobt, ich wirbelte damit im Kreis herum und tanzte. Erst als ich nach Hause gekommen bin, habe ich gesehen, dass es voller Löcher war, die von brennenden Streichhölzern herrührten. Ich hatte nichts gespürt, ich weiß nicht, wer mein Kleid verbrannt hat. Ringsum hatte es nur lächelnde und bewundernde Gesichter gegeben.

Mama hat einen Schrecken gekriegt, denn das ganze Kleid hätte in Flammen aufgehen und mir etwas geschehen können. Sie hat es auch der Klassenlehrerin gesagt, aber was wusste die schon, beim Ball waren die Kinder der gesamten Schule und aus etlichen Dörfern, wir hatten gespielt, uns herumgedrängelt, man wusste nicht, wen man hätte beschuldigen können. Seitdem kauft Mama mir keine zu schönen Kleider mehr, damit ich nicht auffalle.

Am frühen Abend habe ich ein Säckchen Nüsse vom Speicher geholt und die Kinder angestellt, mir zu helfen, sie aufzuklopfen und zu putzen. Morgen früh werden wir Brot mit Nüssen und Käse essen. Das Geld ist alle, und neues werden wir erst am Donnerstag bekommen. Heute ist Montag, also essen wir drei Tage lang morgens Nüsse und mittags Kartoffeln, und am Abend werden wir schon sehen, was. Wir werden beispielsweise Makkaroni kochen.

Am Morgen kriegt auch der Hund seine Portion Brot mit Nüssen. Er kriegt eine kleinere Portion, denn auch er ist klein. Der Hund frisst zuerst den Nusskern, dann das Brot. Wir geben ihm eine ganze Nuss, er soll sie alleine aufknacken und den Kern herausholen. Es dauert länger, und er wird den Eindruck haben, länger zu fressen. Kraut will er keines, dafür mag die Katze Kraut, sie nagt daran, zerknabbert es und saugt es dann auf, bis nichts mehr übrig ist. Auch die Tiere brauchen Vitamine. Dann, nach dem Brot mit Nüssen, bekommen die Kinder noch eine Scheibe Brot mit Konfitüre, der Hund kriegt keinen Nachtisch, denn auch die Konfitüre geht zur Neige, und wer weiß, ob Mama nochmal welche machen wird, falls sie im Herbst kommt. Ich kann keine Konfitüre machen. Ohnehin habe ich dieses Glas von einer Patentante bekommen, die sagte, bei ihnen werde kaum Konfitüre gegessen, sie macht immer viel, aber es vergeht ein Jahr und noch eines, sie öffnet sie, und dann bleibt sie stehen und muss weggeworfen werden. Uns aber hat sie trotzdem nur ein winzig kleines Dunstglas mit Konfitüre gebracht, wo sie nur solch ein kleines Glas gefunden haben mag. Geizkragen. Lässt das Zeug verderben, aber anderen gibt sie nichts.

Frau Vera bäckt gerade Pfannkuchen, aber sie hat uns nach Hause gescheucht. Was haben wir für einen Appetit auf Pfannkuchen! Sie sagte: Ich mache Pfannkuchen und werde Lia schicken, euch welche vorbeizubringen. Alle sitzen wir zu Hause herum und warten. Ich bin mir sicher, Lia wird unterwegs von den Pfannkuchen essen. Oder ihre Mutter wird ihr nur ein halbes Pfannküchlein mitgeben, das bei drei so hungrigen und gierigen Drachen nicht einmal für einen hohlen Zahn reicht.

Marcel wartete auf dem Weg und unterrichtete uns, als Lia unterwegs war, sie war soeben am Ende der Straße aufgetaucht und ging sehr schnell, damit die Pfannkuchen noch warm waren, wenn sie ankam.

Nun wascht euch mal die Hände, wer weiß, wie viele Mikroben ihr beim Spielen eingesammelt habt.

Ich habe den Tisch abgewischt, habe das Weichselkompott herausgeholt, das ich selbst gemacht hatte, und habe es in Schälchen gegossen. Lia war ganz außer Atem:

Sie sind noch heiß, mit Käse, mit Kartoffeln und mit Kürbis.

Und sie hob das Tuch vom Teller. Ich schaute hin, es waren viele, wir würden uns sättigen können. Sie waren fertig zugeschnitten, heiß und weich.

Möchtest du auch?

Nein, ich habe zu Hause schon gegessen, und Mutter hat gesagt, ich soll keine davon essen, sie wird mir noch welche machen, aber ihr habt niemanden, der euch welche zubereitet.

Weichselkompott kannst du aber trinken.

Die Kinder aßen wortlos, vollauf damit beschäftigt, nichts fallen zu lassen, sie beugten sich über den Tisch, damit auch der letzte Krümel, der vielleicht auf den Tisch fiel, noch aufgeschnappt werden konnte, denn wenn er auf dem Boden landete, durfte man ihn nicht mehr in den Mund stecken. Ich habe allen ausreichend davon gegeben, und was übrig bleibt, werden wir morgen essen. Ich überlege, welchen verborgenen Ort es im Haus gibt, an dem ich die Pfannkuchen bis morgen verstecken könnte. Ich reichte Lia das Handtuch und den sauber abgewaschenen Teller. Sag deiner Mutter, dass wir uns herzlich bedanken, die Pfannkuchen waren sehr gut, wir haben uns die Finger danach geleckt.

Niemand bringt uns etwas zu essen, wenn wir Appetit haben oder es nötig hätten. In Erinnerung an die kürzlich erhaltenen und verzehrten Pfannkuchen bin ich darangegangen, selber welche zu machen. Das ist gar nicht so schwer.

Mama hat mir die Schritte und Handgriffe beschrieben. Die Kinder, scharf auf Pfannkuchen, haben angeboten, mir zu helfen, und sie haben alles getan, was ich sagte. Sie haben den Apfel gerieben. Ich habe Mehl und Wasser vermengt und die Klümpchen entfernt. Habe fünfzehn Minuten gewartet, dass der Teig ruhe, dann hab ich ihn in kleinere Häufchen aufgeteilt und diese flachgedrückt. Ich habe den geriebenen Apfel darüber gestreut, und die Jungs haben ihn eingedrückt. Dann habe ich alles in die Pfanne mit dem heißen Öl gegeben, und fertig. Den Brüdern hat es mehr Spaß gemacht, Pfannkuchen zu machen, als mir. Alle waren wir voller Mehl. Auch haben wir nicht einmal gewartet, dass der erste Pfannkuchen ein bisschen abkühlt, wir haben ihn sogleich verschlungen. Auch den zweiten haben wir schnell gegessen. Erst den dritten haben wir gemächlicher gegessen. Die anderen habe ich allein ausgebacken, die Jungs sind mit vollen Bäuchen zum Spielen abgezogen. Ich konnte sie auch nicht mehr brauchen. Aber wie viel die gegessen hatten! Ich will mich nicht brüsten, aber meine Pfannkuchen waren viel besser als die aller Tanten. Nur dass es mich dermaßen ermüdet hat, dass ich mich so bald nicht wieder dranmache.

Unser Apfelbaum wirft die Äpfel ganz schön ab. Ob da bis zum Herbst noch einer am Baum bleibt? Vater sagt, die hätten gespritzt werden müssen, aber wenn man sie spritzt, sind sie nicht mehr naturrein, und wenn man sie nicht spritzt, fallen sie alle ab, und unser Schwein frisst grüne Äpfel, dass ich mich wundere, warum ihm nicht schlecht wird. Lia sagt, sie füttern die Kaninchen mit Äpfeln, und deren Fleisch ist sehr zart und süßlich, als würde man Zucker an den Braten tun. Ich denke, das Schweinefleisch wird von diesen Äpfeln nicht süß werden, die sind ja selber noch lange nicht süß.

Ich habe ein Geheimnis, das ich nur Mama und Vater verraten habe, den Brüdern nicht. Ein Schwalbenpaar hat sich im Hühnerstall ein Nest gebaut. Ich habe nicht gesehen, wie sie ihr Nest gebaut haben, als ich es entdeckt habe, hatte die Schwalbe schon vier Junge. Eines Tages hörte ich seltsame Geräusche im Hühnerstall, die ich mit nichts vergleichen konnte, was ich kannte. Ich horchte genauer hin: Die Schwalbenjungen klapperten mit den Schnäbeln vor Hunger und riefen nach ihren Eltern. Dann fiel eines aus dem Nest, und ich sah nur noch drei weit aufgesperrte Schnäbel, die auf Nahrung warteten. Die Eltern schafften den ganzen Tag Fliegen für ihre Kinder herbei. Ich schaute über den ganzen Himmel, so weit meine Augen reichten, um zu sehen, ob sie weggeflogen waren von den Kleinen – weit und breit war keine Schwalbe zu sehen. Ich ging hinein, anfangs saßen die Kleinen mit aufgesperrten Schnäbeln da, dann verkrochen sie sich in ihrem kleinen Nest, und man konnte keine Feder mehr von ihnen sehen, wie passten die da rein, wo sie doch schon große Küken waren? Der Hühnerstall ist nicht sehr hoch, und ich reiche mit der Hand ans Nest. Nun lernten sie fliegen, nicht umsonst war das vierte aus dem Nest gefallen, und die Hühner hatten das zarte Fleisch gefressen. Wer meint, Hühner würden nur Körner fressen, der irrt, sie fressen auch kleine Fische und neu geborene Häschen, wenn sie ein Loch im Hasenstall finden, durch das sie das kleine Tierchen rauszerren können. Ich habe den jungen Schwalben überhaupt nichts getan, habe ihnen nur mit dem Finger sachte auf die Köpfe getippt, und sie haben keinen Ton von sich gegeben. Dann bin ich schnell hinausgegangen. Draußen wartete jedes Mal die Schwalbe und flog drohend hin und her, man hätte meinen können, die sei eine Drachenmutter und nicht die Mutter dreier kleinen Schwalben. Sie hatte überhaupt keine Angst vor mir, obwohl ich viel größer bin als sie. Wenn ich ein Junges genommen hätte, so hätte sie mich wahrscheinlich angepickt und es mir aus der Hand gerissen oder es zumindest probiert. Ich will ihr nichts Böses tun und sie auch nicht beunruhigen, darum habe ich auch den Brüdern nichts von dem Nest gesagt und werde ihnen auch nichts sagen, damit sie nicht heimlich hingehen, ein Junges herausnehmen und fallen lassen. Es gibt immer weniger Schwalben auf der Welt. Sie sind fleißig, bauen sich ein Haus, und die frechen Spatzen vertreiben sie und besetzen das Nest. Als Vater zu Hause war, vertrieb er die Spatzen aus den Schwalbennestern, er unternahm etwas, damit sie sich nicht dort einnisteten, aber heuer, da es niemanden gibt, der sich darum kümmert, haben die Schwalben ihr Häuschen im Hühnerstall aufgeschlagen, und die dummen Spatzen kommen nicht auf die Idee, dort hineinzufliegen. Nur dass ich abends die Tür zum Hühnerstall schließe, damit da keine Rattenviecher oder Igel reinkommen und ein Huhn stehlen, und am Morgen mache ich wieder auf. Und beide Eltern oder aber nur einer wartet auf der Telefonleitung, dass ich schnell aufschließe, um die Kleinen zu sehen und zu ernähren. Ich glaube, sie wissen, welches mein Fenster ist, und singen deshalb so leidenschaftlich, bis ich aufwache. Aber sie singen schön, sie stören mich nicht. Auch die Spatzen nerven mich nicht, aber sie fressen Körner und alles, was wir den Hühnern geben, sämtliche Samen, die man in den Boden legt, und selbst die Blüten von den Bäumen, ja sogar, was wir dem

Hund geben oder was davon übrig bleibt. Vater sagt, wir müssen sie verscheuchen.

Aber schlimmer als die Spatzen ist es, wenn sich die Stare zusammentun, die alles fressen, wie die Heuschrecken. Ich habe erst einmal eine Heuschrecke gesehen. Sie war tot und sehr schön, sie sah wie eine große Grille aus, war aber bunter. Jetzt finden die Waldvögel kaum mehr etwas zu fressen und kommen ins Dorf, man kann allerlei schöne Vögel sehen, vor allem bei alten Leuten, von denen sie meinen, sie würden sie nicht verscheuchen, oder aber die Vögel spüren, dass ihnen dort keine Gefahr droht. Bei Großmutter haben sich zwei sehr kleine Vögel mit langen Schwanzfedern, kaffeebraunen und grauen Flecken an der Brust ein Nest gebaut. Großmutter sieht nicht mehr gut, aber als ich ihr beschrieben habe, wie sie aussehen, sagte sie, es müssten Zaunkönige sein. Sie sagte, sie habe gehört, wie sie singen. In unsere Bäume hier kommt immer ein Specht. Davon gibt es sehr viele, beinahe jeder Hof hat seinen eigenen Specht. Das Dorf ist voller Spechte. Manchmal kommt auch eine Krähe vorbei, und unser Hahn gibt ein langgezogenes, warnendes Krähen von sich, worauf sich die Hühner sogleich verkriechen. Ich glaube nicht, dass eine Krähe ein Huhn fressen könnte. Es ist eher der Hahn, der sich aufplustert, schaut her, ich bin ein umsichtiger Hüter.

Eines Abends ist eine Katze zu uns gekommen. Früher kamen mehrere, wir hatten einen großen Haushalt und konnten alle füttern. Das heißt, die Katzen kommen dahin, wo es Mäuse gibt, und die Mäuse kommen dahin, wo es auf dem Speicher Weizen, Nüsse, Mais und Sonnenblumenkerne gibt.

Seit die Eltern weggegangen sind, haben wir nichts mehr auf dem Speicher, also haben die Mäuse kaum mehr was zum Zernagen und auch die Katzen nichts mehr zu fangen. Aber wenn eine Katze allein zu uns kommt, gefällt es ihr hier, und sie geht nicht mehr weg. Dann heißt das, dass sie uns gehört. Wir geben ihr etwas zu fressen und kümmern uns um sie, Marcel wäscht sie sogar, wenn wir nicht auf ihn aufpassen. Jetzt aber können wir ihr kaum mehr etwas geben. Milch kaufen wir uns, oder wir bekommen sie, jeweils einen Liter, und die verschwenden wir nicht, Speisen mit Knochen haben wir ohnehin keine, und wenn mal ein paar Knochen übrig bleiben, geben wir sie dem Hund, nicht den Katzen. Ich habe mich gewundert, als diese Katze aufgetaucht ist und sich von Marcel hat zerzausen lassen. Es gibt doch Leute mit einer Kuh, mit Schafen und mehr Lebensmitteln.

Erst jetzt habe ich es begriffen. Sie ist gekommen, die Schwalbenjungen zu fressen. Ich habe sie erwischt, als sie an der Tür zum Hühnerstall lauerte. Dann habe ich die Schwalbeneltern aufgeregt zwitschern gehört. Schon als ich sie zwitschern hörte, wusste ich, dass die Katze dort war. Ich habe die Katze gepackt und ihr gesagt, hier hast du nichts verloren! Lass die jungen Schwalben in Ruhe! Sie hörte mir sehr ergeben zu, strich etwa zehn Minuten durch den Garten, schielte zu mir herüber, lauerte, dass ich sie nicht sehe, und kehrte wieder zum Hühnerstall zurück. Und wieder zwitscherten die Schwalben. Wahrscheinlich verstand die Katze nicht, woher ich ihre Absichten kannte. Aber als die Schwalben sahen, dass ich die Gefahr vertreiben kann, kamen sie bis an mein Fenster geflogen, wenn ich im Haus war, und schrien von größter

Gefahr, sie sangen nicht schön, wie sie es am Morgen getan hatten. Und warum sollte ich nicht hingehen, wenn sie mich um Hilfe bitten, mich geradezu anflehen? Was können diese kleinen Schwalben angesichts eines großen und kräftigen Katers schon ausrichten, der darüber hinaus auch noch hungrig ist und von den Krümeln, die nach unseren Mahlzeiten übrig bleiben, nicht satt wird? Er wird sich auch mit den drei Schwalbenjungen nicht sättigen, aber die kann er leichter fangen als die fetten Spatzen, die nicht darauf warten, dass einem Kater der Sinn nach Spatzenjagd steht. Und die Schwalbenmutter trägt unermüdlich Mücken herbei für ihre Jungen, die ein verschlagener Kater fressen will! Während sie sich dermaßen anstrengt. Mutter und Vater, eigentlich sehe ich sie stets beide, bringen von morgens bis abends Mücken herbei für ihre Jungen. Wenn ich den Kater weghole, beruhigen sie sich sogleich und fliegen davon, Nahrung für ihre Kleinen beschaffen.

Ich habe eine solche Wut auf diesen Kater. Er wird die Schwalbenjungen nicht in Ruhe lassen, bis er sie gefressen hat. Ich weiß, wie die sind! Jetzt versucht er, die Hühner an seine Anwesenheit zu gewöhnen. Er lauert auf dem Gebiet der Hühner, aber der Hahn greift ihn nicht an, er nähert sich und pickt ihm mitten auf den Kopf, es ist sehr amüsant. Ich habe gesehen, wie ihn auch ein Huhn in den Schwanz gepickt hat, um zu merken, wie der schmeckt, während er aufmerksam dahin und dorthin spazierte, das Terrain zu erkunden.

Plötzlich erschien mir die Katze als ein äußerst schlaues, verlogenes und nur auf den eigenen Vorteil bedachtes Tier. Ich habe sie in einen Schuppen gesperrt, ihr Futter und Wasser gegeben. Auch habe ich sehr freundlich mit ihr gesprochen, damit sie sich nicht vor mir fürchtet und ich sie fangen kann, wenn es darauf ankommt. Als sie zu uns kam, war sie schon eine ausgewachsene Katze. Hatte sie denn keinen Herrn? Warum ist sie ausgerechnet zu uns gekommen? Mit all ihren Flöhen, die sie einem ins Haus schleppt und die man nicht wieder loswird! Mit allerlei Krankheiten und Mikroben, denn wer weiß, unter welchen Verhältnissen sie vorher gelebt hat. Mit der üblen Angewohnheit, mit ihren ungewaschenen Pfoten auf den Tisch zu steigen und alles zu klauen, auch Sachen, die ihr nicht schmecken, und die sie unten rumliegen lassen wird, sodass ich sie wieder einsammeln und dem Schwein geben muss.

Also, die Salami schmeckt ihr nicht, auch nicht die Kekse mit Erdbeercreme, ob sie Pfannkuchen mag, weiß ich nicht, denn ich habe ihr keine gegeben, die essen wir. Und dann muss ich immerzu aufpassen, dass sie nicht ins Haus schleicht und etwas stiehlt, dass sie mit ihren Pfoten nicht den Kühlschrank öffnet, dass sie sich nachts nicht im Zimmer meiner Brüder versteckt, sich denen auf die Brust legt und sie erstickt. Wie dem auch sei, ich kann nicht den ganzen Tag dastehen und das Schwalbennest bewachen. Aber ich kann sie auch nicht im Stich lassen. In einer Woche werden die Jungen fliegen lernen. Der günstigste Augenblick für den teuflischen Kater. Auch abends kann ich nicht beruhigt die Türen öffnen, das Haus lüften und bei dieser Hitze ein bisschen abkühlen lassen. Als hätte ich überhaupt nichts mehr zu tun und mich nur noch um den Kater zu kümmern.

Ich habe versucht, ihn zu verscheuchen, ihm nichts mehr

zu fressen zu geben. Er aber hat schon den gesamten Haushalt erkundet und versteckt sich dort, wo ich ihn nicht packen kann, unter dem Heu, im Garten und auf dem Dachboden. Und wenn man ihn schlägt und verjagt, lässt er sich nicht mehr streicheln, einfangen und vom Hühnerstall wegtragen. Also habe ich ihn vorerst im Schuppen eingesperrt. Ich lass ihn ein, zwei Tage drin, und dann? Das ist kein Platz für Katzen …

In diesem Fall muss der Kater weggeschafft werden. Wenn er nicht freiwillig geht, bringe ich ihn weg. Auch Vater hat hin und wieder Katzen von zu Hause weggebracht, eine hat er immer wieder weggetragen, und sie ist immer wieder zurückgekehrt, sodass Vater sie Lăpușneanu getauft hat, denn »wenn ihr mich nicht mögt, so mag ich euch dafür umso mehr« …

Ich fange den Kater, stecke ihn in eine Tasche mit Reißverschluss, den ich ganz schnell schließe, und trage ihn so weit weg wie möglich. Wenn er ein Haus hatte, kann er dorthin zurückkehren, woher er gekommen war, wenn er das nicht will, kann er in einem Haushalt einkehren, der ihm mehr bietet als unserer … Gesagt, getan … Ich öffnete die Tür zum Schuppen, machte pis-pis-pis, mein Hübscher, Hungriger, komm, ich gebe dir was zu fressen. Der Kater miaute, wippte mit dem Schwanz, als könnte er mit dem Schweif eine eventuelle Gefahr riechen, und kam heran. Er ließ sich einfangen und streicheln, aber als ich ihn in der Tasche hatte und den Reißverschluss schließen wollte, machte er einen kräftigen Satz und verschwand. Ich hatte nicht ahnen können, dass er so kräftig ist. Dan hätte mir helfen sollen, während ich ihn in die Tasche steckte, hätte er ganz schnell den Reißverschluss schließen müssen. Aber ich wollte ihnen nicht sagen, dass ich vorhatte, den Kater wegzuschaffen. Wenn sie sein Fehlen bemerkt hätten, hätte ich gesagt, er sei nach Hause zu seinen Leuten zurückgekehrt. Marcel hat ihn am Schwanz gezogen, und der Kater hat ihn gekratzt. Da hätte er sich auch infizieren können. Mama hatte von allem Anfang an am Telefon gesagt, wir bräuchten kein Tier im Haus, das uns nur verdreckt. Und sie war einverstanden, dass ich ihn wegbringe. Ich wollte Marcel sagen, die Katze sei zu ihrer früheren Herrschaft zurückgekehrt, weil sie sich geärgert hatte, dass er sie am Schwanz gezogen hatte. Schließlich werde ich ihnen sagen, dass ich sie wegschaffen will und sie mir dabei helfen müssen. Und basta! Wir werden sie gemeinsam einfangen und dahin bringen, wo sie hergekommen ist.

Wir haben sie nicht einmal gequält, wie Ștefănel es mit seinem Hund getan hat. Wir haben ihn gefangen, Dan hat mir geholfen, Marcel hätte beinahe geweint vor Mitleid mit dem Kater, der wie ein Idiot miaute, wir sind zusammen den Weg zur Schule hinuntergegangen und haben den Inhalt der Tasche in einen Garten gekippt. Dann haben wir gezählt, wie viele schöne Häuser es auf jener Seite des Dorfes gibt und wie viele wunderbare und reiche neue Herrchen der Kater finden kann.

Zurück sind wir langsam gegangen, und ich fürchtete, das Tier werde vor uns zu Hause sein. Aber es war nicht zurückgekehrt, auch am nächsten Tag nicht. Er kehrte am dritten Tag zurück, und als ich Marcel zu Tisch rief, umarmte dieser liebevoll den Kater und versprach ihm wahrscheinlich ewige Freundschaft und territoriale Sicherheit. Ich habe ihn diesmal in Ruhe gelassen. Währenddessen war das Schwalbennest verödet. Die drei jungen Schwalben, von denen der Kater geträumt hatte, waren vom Ferkel gefressen worden.

Schon an dem Abend, als wir den Kater von zu Hause weggetragen haben, hat es zu nieseln begonnen. Es regnet und regnet. Es ist Sommer, warm, und der Boden braucht den Regen für die Ernte. Seit zwei Tagen regnet es fortwährend. Ich machte mir Sorgen um die Schwalben. Die Fliegen haben sich verkrochen. Was werden die Eltern und die Kleinen fressen? Ich habe die Schwalbenmutter vom Wind zerzaust unter der Dachtraufe sitzen sehen, sie zwitscherte nicht, und die Jungen schrien. Hoffentlich verhungern sie nicht. Wenn es nur bald aufhört zu regnen und die Fliegen wieder herauskommen an die Sonne! Ich hatte großes Mitleid mit ihnen … Ich hatte gesehen, wie groß sie schon waren, nur noch ein kleines bisschen, und sie fliegen, jetzt brauchen sie mehr Futter. Ich habe das ganze Haus nach Fliegen abgesucht, wollte auch zwei, drei fangen und sie den Schwalbenjungen bringen. Im Haus habe ich nur eine einzige Fliege gefunden, eine von den großen, dicken, die habe ich ans Fenster gescheucht und dort gefangen. Dann hab ich noch ein paar im Schuppen gesehen, dort ist es wärmer als draußen, und die Fliegen dösten im Warmen und summten leise. Es standen auch welche reglos an den Wänden. Ich füllte mir die Hand mit Fliegen und ging zu den Schwalben. Die Schwalbenmutter war am Nest und flog hinaus, als ich kam. Die Jungen schrien nicht und waren auch nicht zu sehen. Ich wedelte mit der großen Fliege über dem Nest herum, aber es öffnete sich kein Schnabel, sie zu fressen, dann streckte ein Junges den Kopf heraus, öffnete den Schnabel weiter, als sein Kopf breit war, und happ, die Fliege. Ich versuchte, ihm auch die anderen Fliegen direkt in den Schnabel fallen zu lassen, aber ich traf nicht immer, und zwei, drei fielen in das Nest. Ich glaube nicht, dass die Schwalbenjungen sie finden werden, sie sind es gewohnt, die Nahrung aus dem Schnabel der Mutter zu empfangen, und nicht selber im Nest danach zu suchen. Die Schwalbe wartete draußen im Regen, dass ich herauskam. Verglichen mit ihr waren die Jungen ziemlich hässlich, aber vielleicht werden sie noch ansehnlicher, wenn sie wachsen. In der Zwischenzeit war auch der Vater angekommen, er war größer und hatte längere Schwanzfedern. Beide saßen sie da und beobachteten mich. Auch Dan kam nachschauen, was ich tat. Ich wollte auch ihm das Nest zeigen, aber dann überlegte ich es mir anders. Ich hörte ein Huhn gackern, bin hingegangen, nach dem Ei sehen, aber es war noch zu früh. Es war kein Ei im Nest. Was für Vögelchen, sagte Dan und wies auf die Schwalben.

Schau, das sind Schwalben, die kommen nur zu guten Menschen und zu braven Kindern. Bei Regen ist es sehr schwer mit zwei Kindern. Ich weiß nicht, was wir noch spielen könnten. Draußen ist es kalt, und es regnet. Und die Sehnsucht nach den Eltern steigt bei solch einem Wetter, wird heftiger. Ich wollte auch sie anstellen, Fliegen zu fangen, sie hätten eine Beschäftigung gehabt, aber dann hätte ich ihnen das Geheimnis verraten müssen, doch der Regen wird aufhören, und die Schwalben werden wieder selber Fliegen fangen, besser, ich sage ihnen nichts. Ich habe den Fernseher eingeschaltet, aber es gibt nichts Interessantes. Die Spielsachen langweilen uns, wir haben die Herbstkleidung aus dem Schrank geholt, haben uns gut angezogen, damit wir nicht vor Kälte zittern, und warten auf einen Anruf. Heute ist noch nicht Samstag, aber es gibt nun mal nichts Besseres zu tun, als mit Mama am Telefon zu sprechen. Vielleicht fühlt sie, dass wir alle an sie denken, und ruft an.

Am nächsten Morgen bin ich hinausgegangen, nachsehen, ob der Kater zurückgekehrt ist. Ich habe sogar ganz leise pis-pis gerufen, aber es antwortete mir kein Miau. Ich habe die Hühner rausgelassen und ihnen Körner hingestreut. Ich habe ihnen frisches Wasser eingegossen, und sie haben sich alle zum Trinken versammelt. Draußen war es für einen Hochsommertag sehr kalt, der Regen hatte aufgehört. Dann haben auch wir etwas gegessen, ich habe das Schwein und den Hund gefüttert, und wir spielten ein bisschen. Die Sonne war herausgekommen, aber der Sand war kalt, ich habe Marcel nicht erlaubt, Sandburgen zu bauen, denn er hätte sich verkühlt. Ich bin zu den Schwalben gegangen, die nicht schrien. Im Nest war nichts zu sehen. Ich dachte, besser, ich steck die Hand hinein und sehe nach, ob der Kater sie sich geholt hat.

Das Nest ist leer, schoss es mir durch den Kopf, der Kater hat sie gefressen! Ich suchte mit dem Fingern im Nest herum und spürte die kalten und reglosen Schwalbenjungen, dann nahm ich sie in die Hand. Sie waren tot. Alle drei. Ich ging aus dem Hühnerstall hinaus und sah die Schwalbenmutter still auf dem Draht sitzen. Dann schloss ich beide Hände über den Jungen und dachte, wenn ich sie wärmte, würden ihre Herzen vielleicht wieder zu schlagen beginnen. Ich hielt sie lange, lange so in den Händen, da kam Dan heran und sagte mir, komm, wir wärmen sie mit einer Plastikflasche, in die wir warmes Wasser gießen, und wickeln sie dann ein. So habe ich im Winter Dans Füße gewärmt. Marcel hatte davon nichts mitbekommen. Die Schwalbenjungen liefen in meiner Hand feucht an, und mir schien, als habe das Herz des kleinsten, das in der Mitte lag, wieder zu schlagen begonnen. Ich freute mich. Sie werden wieder zum Leben erwachen, und ich werde sie wieder ins Nest zurücktun … aber ist die Schwalbe etwa weggeflogen? Hat sie gesehen, dass das Nest leer ist, und ist davongeflogen? Dann werden wir selber Fliegen fangen für die Schwalbenjungen. Ich stelle meine Brüder an, wir schaffen das schon mit drei so kleinen Schwälbchen. Ja, dem kleinsten in der Mitte hat das Herz gezuckt. Dan schüttete warmes Wasser in die Flasche. Ich setzte die Schwalbenjungen vorsichtig, damit sie nicht umfielen, in ein Baumwollhandtuch und wickelte sie ein. Dann habe ich mit den Eltern am Telefon gesprochen. Mama sagte, wegen der Schwalben soll ich mit Vater sprechen. Vater sagte, die Schwalbenjungen würden nicht mehr zum Leben erwachen, und die Schwalbe werde noch einmal Eier legen und drei, vier Junge ausbrüten. Es ist erst mitten im Sommer. Aber wenn sie keine Eier mehr legt, wird der Sommer sehr kurz sein. Ich soll die toten Schwälbchen dem Ferkel geben, nicht dem Hund oder dem Kater, damit die sich nicht an Vogelfleisch gewöhnen. Nach etwa zwei Stunden sind mir wieder die Schwalbenjungen eingefallen, aber ich habe nur noch die Flasche gesehen, Marcel hatte sich mit dem Handtuch abgewischt und die Schwälbchen verstreut, ohne sie zu sehen. Ich habe sie vom Boden aufgelesen. Meine Augen waren ganz rot vom Weinen, und ich sah sehr hässlich aus. Ich habe die jungen Schwalben zum Ferkel getragen, es war Mittag, und das Schwein schlief, es rührte sich überhaupt nicht, war keine Spur neugierig zu sehen, was ich ihm hingeworfen habe. Dann bin ich zum Hühnerstall gegangen, nachsehen, ob die Schwalbe weggeflogen war oder schon neue Eier legte. Vielleicht hätte ich die Jungen nicht wegwerfen sollen, vielleicht hätte ihre Mutter sie mit ihren Flügeln gewärmt, und sie wären wieder ins Leben zurückgekehrt. Vater hatte gesagt, sie seien entweder erfroren oder verhungert. Als ich die Schwalbe neben dem Nest gesehen habe, dachte ich, ich hätte die Jungen zurück ins Nest tun und es ihr überlassen sollen, über deren Schicksal zu befinden. Vielleicht hätte ich nicht so oft zum Nest gehen sollen. Vielleicht hat die Schwalbenmutter sie meinetwegen nicht gefüttert.

Am gleichen Abend kehrte der Kater zurück. Ich glaube, er suchte Marcel, der sehr froh war, dass sein vierbeiniger Freund zurückgekehrt war.

Als ich ihn gefüttert hatte, ging der Kater zu seinem bevorzugten Ort, zum Hühnerstall, als wäre er dafür bezahlt worden, das Schwalbennest zu bewachen. Und wieder empörte sich die Schwalbe laut, aber ich bin nicht mehr hingegangen. Wozu sollte das gut sein? Jetzt gibt es kein Junges mehr, ich habe nichts mehr zu retten. Der Kater blieb den ganzen Tag über dort, hin und wieder kam er zu Marcel und bettelte um etwas zu fressen, dann ging er wieder hin. Seinetwegen wird sich die Schwalbe fürchten, weitere Kinder auszubrüten. Wie sollte sie das auch anstellen, wenn Tag und Nacht solch eine große Gefahr auf sie lauert? Wie kann ich ihn denn noch verscheuchen?

Ich packte den Besen und ging auf den Kater los: Hab ich dir denn nicht gesagt, du sollst hier nicht rumlungern? Hab ich nicht gesagt, du sollst nach Hause gehen? Und gib ihm, aber ein Kater bleibt nicht stehen, damit man ihn verprügeln kann, er haut ab. Zweimal hat er den Besen doch auf den Rücken gekriegt.

Der Patenonkel ist vorbeigekommen, und ich habe ihm das mit dem Kater erzählt. Er sagte, er habe ein paar Mäuse auf dem Speicher oder gar Ratten und suche schon lange einen Kater wie unseren. Und wenn wir ihn nicht brauchen, sollen wir ihn ihm geben. Marcel gefiel das gar nicht, aber der Patenonkel sagte, wenn du große Sehnsucht nach ihm hast, kommst du zu mir und spielst mit ihm.

Er wird wieder zurückkehren, denn er ist schon einmal zurückgekehrt.

Ich gebe ihm drei Tage lang Milch und Käse, und er wird bis ans Ende aller Tage nicht mehr bei euch vorbeikommen, erwiderte der Patenonkel.

Ich sagte zu Marcel, die Katze muss gut gefüttert werden, und bei uns würde sie verhungern. Hast du kein Mitleid mit dem Kater? Der Patenonkel wird ihn mit Milch füttern, und wir haben nicht einmal mehr Ziegen, geschweige denn eine Kuh oder Schafe. Wenn du einen Kater haben willst, lass uns unsere Ziegen nach Hause holen, dann gehst du jeden Tag mit ihnen auf die Weide, melkst sie Abend für Abend vorsichtig, damit du keinen Ziegenhuf vors Maul kriegst, und wir geben dem Kater Milch zu trinken. Marcel hat den Kater noch zwei-, dreimal gestreichelt und ihn dann ohne ein weiteres Wort dem Patenonkel gegeben.

Die Mutter von Grigoraş hat ihm lange Zeit keinen Pfennig geschickt. Sommers stahl Grigoraş aus den Gärten der Leute. Wenn sie ihn erwischten, schimpften sie ihn aus, gaben ihm ein paar Ohrfeigen, einen Tritt in den Hintern oder einen Peitschenhieb über den Rücken. Ein Kutscher erwischte ihn und schlug ihn mit einer Peitsche, die ganz schön zwickte, aber niemandem kam es in den Sinn, dass Grigoraş nicht klaute, weil es ihm gutging, sondern vor Hunger. Und niemand stirbt, weil ihm zwei, drei Gemüse fehlen. Auch wir haben Mais gestohlen und gekocht. Aber nur zweimal, wir hatten großen Appetit darauf. In der Stadt kann man sich alles kaufen, was das Herz begehrt. Aber wer verkauft einem auf dem Land grünen Mais?

Also sind wir in den Weingarten gegangen, sozusagen um Gras fürs Geflügel zu holen und nachzusehen, ob die Trauben schon reif sind. Marcel haben wir auf dem Weg Schmiere stehen lassen, damit er, wenn er jemanden kommen sieht, in sein Pfeifchen bläst, das wir extra für solche Zwecke beschafft hatten. Er sollte pfeifen und in unseren Weingarten rennen. Dan half mir die Kolben abbrechen. Solange sie von den Lieschenblättern umgeben sind, kann man nicht erkennen, ob sie schon kochreif sind oder nicht, deshalb muss man mehr abbrechen, und die für uns ungeeigneten Kolben eignen sich für die Hühner oder fürs Schwein. Ich habe je drei für jeden von uns gekocht, sie ein bisschen gesalzen, und wir haben reingehauen … Welch ein Genuss! Auch wir haben ein Maisfeld, und wenn es nicht so weit weg wäre, hätten wir uns den Mais von dort geholt. Vater hat unseren Acker anderen Leuten überlassen, die uns ein paar Körner, einen Teil der Ernte bringen, aber nicht sehr viel, denn Arbeit und Saatgut kosten mehr, als die Ernte einbringt, und es lohnt sich nicht, zu investieren. Manchmal gibt es auch eine so starke Dürre, dass der Boden kaum etwas wachsen lässt, und man hat nur Verluste. Früher gab es auf dem Weg zu unserem Weingarten auf beiden Seiten Felder, gepflegte Kulturen, jetzt sieht man nur noch Brachland. Da ist nichts mehr, wo man noch ein paar Maiskolben klauen könnte. Und unser Weingarten ist von dichten Quecken und Gänsedisteln überwuchert. Auch orangen Klatschmohn habe ich im Weingarten gepflückt. Ich habe sogar einen roten Klatschmohn gefunden, aber den habe ich nicht gepflückt. Ich habe ihn stehen lassen, damit er seinen Samen verstreut.

Auch Ștefănel ist jetzt ohne Eltern, seit ein paar Jahren erzieht ihn seine Großmutter. Jetzt ist er verrückt, der Hund sucht ihn heim. Er gibt ihm Knochen, aber der Hund mag keine, denn Gespenster haben keinen Hunger. Ștefănel bittet ihn, er weint nachts im Schlaf und am Tag, wenn er wach ist. Zum Hund, den bloß er allein sieht, sagt er: Nimm den Knochen! Obwohl er ihm vergeben hat, nimmt der Hund den Knochen nicht.

Ștefănel ist an seiner eigenen Bosheit verrückt geworden. Er hatte es niemandem erlaubt, sich seinem Hund zu nähern. Nicht einmal die Großmutter durfte ihn füttern. Er sagte, er ernähre ihn ganz allein. Dann rief er die Kinder zusammen, um ihnen ein Hundekonzert vorzuführen. Was dort geschah, kann ich nicht mit Sicherheit sagen. Dan war einmal dort, und als er nach Hause kam, fing er an zu jammern. Als ich ihn fragte, warum er weinte, sagte er, aus Mitleid mit Ștefănels Hund. Er quält ihn mit dem Knochen. Er lässt ihn hungern, sammelt mehrere Knochen oder einen großen und guten und wedelt damit dem Hund vor der Nase herum. Wie das Konzert endet, weiß ich: Der Hund verliert die Hoffnung, den Knochen zu bekommen, trottet in seine Hütte und weint wie ein Mensch. Aber Ştefănel erbarmt sich noch immer nicht, er gibt ihm nichts und erlaubt auch keinem anderen Kind, ihm etwas zu fressen zu geben. Die Kinder hatten Mitleid, und abends warfen sie Knochen über den Zaun oder Brotstücke. Aber dieses Futter landete zumeist nicht neben dem Hund, der sich furchtbar quälte, ranzukommen. Wenn er seine Großmutter dabei erwischte, dass sie dem Hund etwas zu fressen gab, nahm Ştefănel ihm alles wieder weg, kippte das Wasser aus und schrie seine Großmutter an. Angeblich dressierte er ihn, erzog ihn, er trainierte den Hund, und niemand durfte sich einmischen. Und zum Schluss, wenn das Konzert zu Ende war, sagte er: Gut, komm und nimm deinen Knochen, na schau, Rex! Und in den Augen des Hundes erwachte eine Art Hoffnung oder Dankbarkeit, der Hund überlegte, aus der Hütte herauszukommen, und wenn er herauskam, verschüchtert, vorsichtig, schlug ihn Ştefănel jedes Mal mit dem Weidenstock und trat mit den Füßen nach ihm, sodass Rex es kaum mehr in seine Hütte zurück schaffte. In diesem Augenblick brachen die etwas mitleidigeren Kinder in Tränen aus und gingen nach Hause, und Ştefănel rief ihnen hinterher: Rotznasen! Heulsusen! Pisser! Und wenn der Hund nicht aus seiner Hütte kam, wurde er in der Hütte mit dem Weidenstock verprügelt, bis er endlich herauskam und Ştefănel ihn besser verprügeln konnte.

Es reicht, auf das Dach eines Speichers zu steigen, das nicht so hoch ist wie das Hausdach, um festzustellen, wie klein die Kinder sind, aber auch die erwachsenen Menschen sehen wie kleine unbedeutende Tierchen aus. Welches Recht hat ein Kind, einen Hund zu quälen, welches Recht? Auch ein Kind ist klein, ein Käfer dort auf der Erdoberfläche …

Der Hund wurde immer dünner. Ein Mädchen sagte der Großmutter, der Hund würde verhungern oder von Ştefănel totgeschlagen werden. Die Großmutter antwortete, sie solle sich um ihre eigenen Viecher kümmern und sich nicht in die Angelegenheiten des ganzen Dorfes einmischen. Und in der Schule, heißt es, hat es eine Versammlung gegeben, bei der Ştefănel kritisiert wurde, dass er unsere Freunde, die Tiere, quält. Dass es nicht schön ist, so etwas zu tun, dass man sich um sie kümmern und Mitleid mit ihnen haben muss, dass man ihnen Wasser und Futter geben muss, denn sie liegen an der Kette, sie lieben uns und sind abhängig von uns. Ştefănel hat gesagt, er habe im Fernsehen gesehen, dass man Hunde auf diese Weise dressiert, damit sie zu echten Freunden und Beschützern des Menschen werden, und ihr Hund sei sehr böse, der würde sogar Menschen fressen, wenn man ihn nicht erzieht. Und dass es Menschen gibt, die sich gegenseitig verprügeln und umbringen, Eltern, die ihre Kinder schlimmer verprügeln als er seinen Hund, und die werden vor keine Versammlung geholt und kritisiert. Seine Mutter hat ihm beigebracht, so zu reden, aber es ist nicht wahr, dass ihr Hund so böse ist und sogar Menschen frisst. Im Gegenteil, er ist sehr brav und schaut einen mit den Augen eines gequälten Menschen an. Dann hat Ştefănel alle Kinder zusammengerufen, kommt, gebt ihm jetzt Knochen! Die Kinder haben ihm Knochen hingestreckt, aber der Hund wollte keine. Er hat sich nicht einmal aus seiner Hütte herausbewegt. Ştefănel hatte ihm beigebracht, nur unter Schlägen zu fressen, also wenn du was fressen willst, kriegst du Haue, wenn du nichts fressen willst, kriegst du nichts. Und der Hund fürchtete sich, zu fressen. Ştefănel fuchtelte mit dem Stock herum, los, Schwachköpfe, gebt ihm eure Knochen! Ein Kind warf mit einem Knochen nach ihm und traf ihn am Kopf. Ştefănel packte den Jungen und begann, mit dem gleichen Stock, mit dem er den Hund verprügelt hatte, auf ihn einzuschlagen. Aber dessen Mutter war soeben nach Hause gekommen, es war nun ein Kind mit einer Mutter. Ştefănel ahnte nicht, was das heißt. Die Mutter ist wie ein feuerspeiender Drache, die eine Kinnlade zur Erde, die andere dem Himmel zugewandt, beim Täter zu Hause aufgetaucht. Sie schüttelte Ştefănel zweimal kräftig durch und hieß dann ihren Sohn, Ştefănel mit dessen eigenem Stock zu verprügeln.

Vielleicht ist Rex in dem Augenblick verendet, als das Kind den Stock erhoben hat, um Ştefănel zu schlagen. Und dabei ist er in seinen Herrn gefahren. Ştefănel begann, wie ein Hund zu jaulen, und schaute das Kind, das er kurz zuvor noch geschlagen hatte, aus den jammervollen Augen des Hundes an. Das Kind erschrak und bat seine Mutter: Lass den Hund los! Lass den Hund los! Die Großmutter schrie, sie solle ihren Enkel nicht umbringen, die Mutter des Kindes ging zum Hund, zog an der Kette und zerrte einen toten Hund aus der Hütte. Ştefănel heulte und jaulte wie ein Hund, der jemandes

Tod mitteilt. Auch die Mutter ist erschrocken, hat sich bekreuzigt, das verstörte Kind in die Arme genommen und ist davongeeilt, dabei schrie sie: »Soll er doch zum Teufel gehen! Soll er doch zum Teufel gehen!« Sie sagt, seitdem stottere ihr Kind, davor habe es nicht gestottert. Und Ştefănel träumt von dem Hund mit dem Knochen, brüllt wie ein Wolfshund und geht wegen seiner aggressiven Ausbrüche nicht mehr zur Schule. Er kann jedes Kind beißen. Wie es scheint, ist seine Großmutter Großmutter geblieben, sie hat sich nicht in eine alte Hündin verwandelt, wie wir angenommen hatten. Seine Mutter ist nach Hause gekommen, nachdem sie mit ihrem Sohn am Telefon hatte sprechen wollen und dieser wie ein Hund gejault hatte. In der Schule war davon die Rede, dass er ein unterentwickeltes Kind sei, er habe schlecht gelernt, sei unerzogen, nicht ausreichend ernährt und weise einige Anomalien auf: Er sei asozial, unfreundlich, sadistisch, habe kriminelle Neigungen und unter uns nichts zu suchen. Es solle niemand mit ihm spielen, denn an seinem Biss könne man sterben. Gut, dass er weit weg wohnt von uns, denn sonst hätte ich mir Sorgen gemacht um meine Brüder. Dann haben sie ihn in irgendein Spital gebracht, aber dort wurde er nicht geheilt. Die Leute sagen, dass sich auch die Tiere rächen, und man könne sich nicht straflos an unschuldigen Wesen vergehen. Ştefănel habe das Herz eines bösen Hundes in der Brust gehabt, während Rex alles ertragen und nie jemanden gebissen habe. Ein Engel von einem Hund. Mir tut es auch heute noch leid, dass es uns nicht gelungen ist, ihn zu retten. Ich hätte mit Dan in der Nacht hingehen, ihn losbinden und zu uns mitnehmen sollen. Schließlich wusste ich, dass er ihn quälte. Ich hatte den Hund einmal gesehen. Die Augen eines hilflosen Tieres. Wegen seines Fells merkten wir nicht, wie mager er schon war. Auch glaubten wir nicht, dass er so schnell verenden würde. Während ich auch jetzt noch Mitleid mit dem Hund habe, mir seine traurigen und resignierten Blicke aus der Hundehütte heraus noch vor Augen sind, habe ich überhaupt kein Mitleid mit Ștefănel. Er hat bekommen, was er verdient. Ich habe meinen Brüdern gesagt, sie sollen niemals Tiere quälen, damit es ihnen nicht so ergehe wie Ștefănel. Seine Mutter sagte, er sei verhext worden, und reiste mit ihm in Klöster und zu alten Weibern, damit die den Hund aus ihm austreiben, aber Ștefănel ist völlig verrückt geworden und wird eher vor Schwäche sterben, er isst nichts mehr. Die Kinder zeigen ihm Knochen, und er heult wie ein Hund. Seine Mutter ist wieder zum »langen Geld« gereist, und die Großmutter kümmert sich um ihn. Ich habe kein Mitleid. Geschieht ihm recht. Auch das Böse hat Grenzen und muss bestraft werden.

Die alten Weiber in unserem Dorf haben sich in zwei Lager gespalten. Die einen behaupten, die Pfarrer verlassen unser Dorf immer so schnell, weil die Leute gleichgültig sind, böse und ohne Gottesfurcht. Die anderen meinen, die Pfarrer seien längstens zwei, drei Jahre geblieben, weil sie in der Zeit sich das Geld für ein Auto verdient und einen Bauch zugelegt haben, dann seien sie in andere Dörfer mit noch dümmeren Leuten gezogen, die bereit seien, ihnen mehr Geld zu geben. Und sieh an, wieder geht ein Pfarrer aus unserem Dorf weg. Dieser ist jünger und schöner als die vorher, er hat eine tüchtige

Pfarrersfrau und drei Kinder, die er an den Feiertagen zu den Haustoren der Leute schickte, sein Kommen anzukündigen. Er hat auch die Pfarrersfrau zum Geldmachen geschickt. Dann überlegte er sich, in der Schule Religion zu unterrichten und die Kinder im christlichen Geist zu erziehen. Nicht unentgeltlich, gewiss. Ich habe mich sehr gefreut. Ich stellte mir vor, wir würden schöne Dinge zu hören bekommen, die unsere Seele erfreuen. Wir würden keine Prüfungen ablegen oder Tests machen müssen, und das Lernen sollte uns nicht schwerfallen. Großmutter hatte mir so interessant aus der Bibel erzählt und gesagt, der Pfarrer habe ihnen dies alles in der Kirche beigebracht. Ich glaubte, in der Religionsstunde würde unser Pfarrer uns in sanftem Tonfall Geschichten erzählen, und wir würden mit offenen Mündern zuhören. Aber es war nicht so. Anfangs hörte ich ihm gerne zu, denn er erzählte tatsächlich schön, aber es war ein solcher Lärm in der Klasse, dass ich irgendwann überhaupt nichts mehr verstand. Die Kinder hörten nicht auf ihn. Wegen des Lärms ließ er uns Texte abschreiben, die wir dann auswendig lernen mussten, über die göttliche Strafe und die Vergebung der Sünden. Er träumte davon, dass wir brav in den Bänken sitzen, ihm ergeben und liebevoll zuhören, während er uns als ein paar Monster und sündige Dämonen betrachtete. Aber wir sind weder Monster noch Dämonen. Wir sind ein paar von unseren Eltern und der uns umgebenden Welt – und sieh an, jetzt sogar von Gott – wegen unserer schweren Sünden verlassene und bestrafte Kinder. Der Gnade Gottes bedürfen wir sehr viel mehr als Seiner unzähligen Strafen. Die Gnade und der Trost Gottes sind wie Sonnenstrahlen, die einen morgens wecken, und wenn du die Augen aufschlägst, siehst du Mama, die ganz sanft deine Wange berührt und fragt: Ist mein Kindchen aufgewacht? Und das Kindchen schließt getrost die Augen und hofft, es werde sich noch einmal genauso wiederholen.

Vor dem Ende des Schuljahres haben die Schüler aus den höheren Klassen beschlossen, die Geduld des Pfarrers auf die Probe zu stellen. Sie haben lauthals herumgeschrien, sich geprügelt und sich in der Religionsstunde schlecht benommen. Die Lehrer aus den Nachbarräumen haben zur Tür hereingeschaut, weil sie glaubten, die Schüler sind allein, ohne die Aufsicht eines Lehrers. Dann haben sich die Schüler einen Augenblick lang beruhigt und sogleich wieder zu lärmen begonnen. Dem Pfarrer hat sich vor Ärger der Bart gekräuselt. Er hat es nicht mehr ertragen können, hat einen der Flegel gepackt und festgehalten, auf einen anderen hat er mit einem Stück Kreide geworfen und ihn anschließend an den Haaren gezogen, dabei hat er ihn wüst beschimpft. Währenddessen filmten zwei Schlaumeier dies mit ihren Mobiltelefonen. Dann hat der Bruder eines der beiden Jungs, Student im Polytechnikum, zwei Filmchen über den »barmherzigen Pfarrer beim Religionsunterricht« ins Internet gestellt. Ich glaube, der Pfarrer verlässt ihretwegen das Dorf, nicht wegen des Geldes. Heute fürchten sich die Lehrer vor den Kindern, nicht die Kinder vor den Lehrern. Es heißt, sie dürfen uns nicht mehr schlagen, sie werden sonst aus dem Unterricht entfernt.

Wir haben hier im Dorf auch einen Sozialarbeiter, der uns fragt, ob wir depressive Zustände haben, und uns Broschüren über den Zaun wirft über die Elternliebe und die Vorbereitung der Kinder auf Migrationsprobleme. Als müssten wir auf einen Krieg vorbereitet werden, als würden unsere Eltern nie wieder zurückkehren, und wir würden stets allein bleiben, allein aufwachsen.

Unsere Mama wird zurückkehren, auch Vater wird nach Hause kommen, und alles wird wie früher sein. Ich erinnere mich, wie es war, als Mutter und Vater zu Hause waren. Morgens arbeitete Mama, wenn ich aufwachte, machte sie mir etwas zu essen, Vater sah fern. Es kommt mir so vor, als wäre dies vor langer, langer Zeit gewesen, wie in einem anderen Leben. Leid tut mir nur, dass Dan sich an nichts erinnert, und Marcel hat nie erfahren, was es heißt, in einer Familie zu leben, Vater und Mutter an seiner Seite zu haben.

Während der Schulzeit ist es morgens am schwersten.

Alle schreien, dass sie etwas zu essen haben wollen. Die Schweine, die Hunde, die Hühner. Und die Brüder wollen nicht aufwachen, wollen sich nicht waschen und nicht anziehen. Dan ist ein großer Junge und hilft mir manchmal, wenn er wach ist, mit Marcel. Die Brüder aßen im Kindergarten, und ich schaffte es gewöhnlich nicht, mir irgendetwas in den Mund zu stecken. Ich fütterte alles Viehzeug, aber für mich blieb keine Zeit. Und wenn ich in der Schule war, dachte ich nur noch ans Essen, hätte ich doch wenigstens eine Scheibe Brot gegessen. Und wenn es ein anstrengender Tag mit Prüfungen war, hielt ich es in den letzten Stunden nicht mehr aus. Ich wurde schier ohnmächtig vor Hunger. In der sechsten Stunde hatten wir gewöhnlich Chemie. Ich mochte unsere Chemielehrerin, in diesem Fach verstand ich alles, und die Lehrerin erklärte uns den Stoff klar und deutlich, ohne uns anzuschreien, wir seien Dummköpfe oder Idioten. Manchmal bat ich darum, nach Hause gehen zu dürfen, weil ich Hunger hatte. Ich sagte ihr, dass ich mich nicht wohlfühlte oder dass ich Kopfschmerzen hätte, lassen Sie mich bitte nach Hause gehen. Einmal rief sie mich ins Chemielabor: Ist dir übel, oder hast du Hunger? Und sie gab mir einige Leckerbissen zu essen, dann habe ich mich mit ihrer Tochter befreundet, und wir aßen beide im Laboratorium. Sie sagte zu mir: Meine Tochter hat keinen Appetit, aber mit dir isst sie wie ein Wolf. Sie erklärte mir, wozu all die Schächtelchen, Glaskolben und Reagenzgläser gut sind. Sie hatte dort auch ein altes Radio und stellte uns Musik ein. Chemie ist mein Lieblingsfach geworden, und ich habe mich mit der Tochter der Lehrerin angefreundet. Aber für die anderen Fächer hatte ich nicht die Zeit, mich vorzubereiten, und ich aß auch nicht jeden Tag im Chemielabor. Ich habe Mama gesagt, dass ich nicht so gute Noten habe, dass ich überhaupt keine Zeit zum Lernen habe. Ich komme von der Schule und esse etwas, denn ich falle fast um vor Hunger, dann gebe ich den Hühnern wieder Wasser, füttere das Schwein, denn das frisst dreimal am Tag, wie die Menschen, es hört, wenn ich komme, spürt es, wenn ich esse, und wenn ich ihm nichts gebe, grunzt es und schreit, dass sämtliche Nachbarn erschrecken, dann koche ich, damit wir abends etwas zu essen haben, und wenn etwas übrig bleibt, ich davon auch am nächsten Tag noch etwas essen kann, wenn ich von der Schule komme, dann räume ich im Haus auf oder wasche ein paar Sachen. Und dann geht es auch schon auf halb sechs zu, ich renne zum Kindergarten, damit meine Brüder nicht als Letzte übrig bleiben, verlassen und vergessen zu weinen beginnen. Der Kindergarten ist nicht sehr weit von uns entfernt, aber die Kindergärtnerinnen lassen die Kinder nicht allein nach Hause gehen, jemand muss sie abholen kommen. Ich hole sie beide und muss dann mit zwei kleinen, weinerlichen und lärmenden Brüdern meine Hausaufgaben machen. Manchmal gelingt es mir und manchmal nicht. Mama hat gesagt, das macht nichts, ich soll bloß nicht sitzenbleiben, denn sie legt ohnehin Geld zurück, und ich werde mit einem Vertrag studieren können, wo auch immer ich will, gegen Bezahlung. Wie sollte ich sitzenbleiben? Wenn ich überhaupt nichts lerne und eine Acht kriege, was, wenn ich da auch noch lernte! Und die Chemielehrerin hat zu mir gesagt, ich sei die beste Schülerin, schade nur, dass ich den ganzen Haushalt im Kreuz habe und mich nicht ausreichend vorbereite. Nun gut, es reicht auch so. Gott sei Dank, dass wir keine Kaninchen mehr haben. Was für eine Plage! Meine Cousins haben welche. Und Kinder wie Eltern müssen unablässig Gras herbeischaffen für diese Hasen. Auch gibt es kaum noch Stellen, wo man welches holen kann, und die Kinder verlieren damit so viel Zeit! Die Häschen sind ganz süß, wie kann man die bloß braten, wenn man ihnen zuvor das Fell gestreichelt hat? Jetzt, in den Ferien, da der Kindergarten ebenso wie die Schule für zwei Monate geschlossen ist, kümmere ich mich den ganzen Tag um die Brüder, und die Tage vergehen langsamer.

Abends lese ich ihnen aus Büchern vor. Dan wählt das Buch aus, dann will auch Marcel eines aussuchen. Wir lassen ihn. Er mag es, selber mit einem Buch zu kommen, ich soll es aufschlagen und ihm aus seinem Buch vorlesen. Er sucht es sich aufgrund des Umschlags aus, denn er kann noch nicht lesen, er ist noch zu klein. Dan kennt schon zwei, drei Buchstaben, aber er weiß auch, wovon die meisten Bücher handeln, er hat es sich gemerkt, weil ich ihm schon früher daraus vorgelesen habe. Auch Mama las uns aus Büchern vor … Es sind keine Geschichten für sie, aber sie bestehen darauf, dass ich ihnen vorlese. Dann habe ich den Eindruck, dass sie schlafen, aber sie springen beide wieder hoch: Wir schlafen nicht, lies weiter, geh nicht weg. Ein Glück, dass es sie gibt, denn ich würde die Buchstaben verlernen, ich habe keine Zeit mehr zu lesen. Manchmal schlafen die Brüder ein, und ich lese weiter. Eines der Bücher heißt *Der Weinbau.* Es ist wahrscheinlich ein Buch von Vater, denn Mutter hat uns aus viel interessanteren Büchern vorgelesen.

Ich habe etwas Böses getan. Eigentlich nicht, eigentlich doch.

Ich fürchte mich nicht vor der Dunkelheit und bin in der vergangenen Woche so gegen Mitternacht hinausgegangen, nachsehen, warum der Hund jault. Er jaulte so erbärmlich, als verzehrte auch er sich vor Sehnsucht nach euch. Dann habe ich aufmerksamer hingehört. Er jaulte nicht vor Sehnsucht oder wegen eines Todesfalles, sondern vor Schmerzen, so, wie man selten einen Hund winseln hört. Und ich dachte, vielleicht würgt ihn die Kette, und er erstickt, vielleicht hat er eine Pfote irgendwo eingeklemmt, vielleicht steckt sie unter der Hundehütte, und er kann sie nicht mehr herausziehen, oder wer weiß, was ihm zugestoßen ist. Ich bin nachts hinaus und habe mich nicht gefürchtet. Als der Hund mich hörte, hat er aufgehört zu jammern, seine Augen funkelten, sie hatten sich in zwei kleine Lichter verwandelt und leuchteten grün, wie die des Katers, aber sehr viel stärker, sodass sich mir die Haare auf den Armen sträubten, sie standen mir senkrecht, auch die auf dem Kopf hätten sich mir aufgestellt, wären sie etwas kürzer geschnitten. Aber der Hund hatte nichts, sein Hals war frei, seine Pfote war nicht eingeklemmt, er kam zu mir und leckte mir die Hand, dabei wedelte er mit dem Schwanz, während ich alles überprüfte. Ich bin zurück ins Haus und habe geschlafen wie ein Holzklotz, ich weiß nicht, ob er nochmal gejault hat oder nicht.

Am nächsten Tag hat ein Nachbar, der Vater eines Kindes, eben vor ein paar Tagen zu Hause angekommen, mich im Hof gesehen und mir zugerufen.

He, Cristina (er kannte meinen Namen, aber ich kenne seinen nicht), war das euer Hund, der letzte Nacht so laut war?

Unserer, ja, ich weiß nicht, warum er in der Nacht so gejault hat.

Dann kam er in unseren Hof und ging zum Hund hin.

Bravo, Tărcuș!

Ciarls, verbesserte ich.

Ciarlitto (der arbeitet bestimmt in Italien). Bravo.

Unser Hund verbellte ihn nicht und ließ sich von dem fremden Mann streicheln. Und ich verstand nicht, warum er ihn lobte.

Da hast auch du heute Nacht Ostern gefeiert. Nun ja, mit ein paar Stacheln, hast dir etwas die Schnauze zerstochen, aber du hast ihn erwischt. Wo sind die Nadeln?

Der Mann hebt ein schwarzes Knäuel auf.

Ich gehe und werfe diese Igelhaut auf den Mist. Weißt du, wie viele Küken und Vögel dieses Mistviech von einer Igelin schon gefressen hat? Ist schließlich schwerer, Mäuse zu fangen als kleine Hühner. Die Waldtiere sollen im Wald bleiben, sonst richten sie nur Unheil an. Ich bin schon lange hinter der her … Die hat hier wahrscheinlich irgendwo auch Junge, für die sie Futter angeschleppt hat. Und die Entchen, die sie mir gefressen hat, waren schon ziemlich groß! Hat gestohlen und ist abgehauen, keiner hat die fangen können. Hat sich hier irgendwo versteckt und ist nachts auf die Jagd gegangen nach dem Vogelvieh der Leute. Und schau an, euer Hund hat sie geschnappt. Bravo, bravo, Hundemann.

Der Hund hat anscheinend begriffen, dass er gelobt wurde, ist immerzu neben seiner Hütte herumgetollt und hat mit dem Schwanz gewedelt.

Auch meiner ist ein guter Hund, aber ich glaube, seine Kette ist kürzer, er hätte den Igel nicht fangen können. Oder aber er hat sein Nest hier bei euch unter dem Holz. Hat er denn bei euch kein Küken gefressen?

Wir haben in diesem Jahr keine Küken, nur ein paar Hühner. Mutter wird im Herbst großes Geflügel kaufen.

Kaufen kann man immer, aber was du hast, hast du. Da weiß man, was man sich in den Mund steckt.

Dann plagt man sich, sie aufzuziehen, damit die Katzen oder die Ratten oder die Igel sie einem wegfressen. In einem Jahr hat uns die Katze von Meister Colea neun Entenküken gefressen.

So gesehen ja, da hast du recht. Bist ein großes Mädchen.

Deine Ma ist arbeiten. Und dein Väterchen. Und du allein mit der ganzen Wirtschaft. Darum bist du so gescheit. Das Leben lehrt dich allerhand. Selbst euer Hund ist schärfer als die anderen.

Ich gebe ihm kaum Fleisch.

Wer gibt den Hunden schon Fleisch? Er hat sich selber schadlos gehalten, auch wenn es nur Igelfleisch war.

Und der Mann ist gegangen, hatte, was vom Igel übrig geblieben war, in der Hand.

Drei Tage später hörte ich wieder den Hund bellen, als ginge es um Leben und Tod. Es war gerade dunkel geworden. Wir sind alle raus, Dan mit dem Hämmerchen. Der Hund bellte und zerrte an seiner Kette, als wollte er sie zerreißen, immerzu in die gleiche Richtung. Ich sah einen Igel, der unseren Garten durchquerte. Ich griff mir schnell das Hämmerchen von Dan und warf es nach dem Igel. Ich glaube nicht, dass ich ihn getroffen habe, vielleicht habe ich ihn ein bisschen mit dem Hammerstiel berührt, denn der Igel blieb stehen. Wir sind hingerannt, haben ihn umstellt, und er hat sich eingerollt, sodass man weder den Kopf noch seine Beinchen gesehen hat. Er war klein, vielleicht das Kleine der Igelin, die der Hund zuvor gefressen hatte. Er mag gesehen haben, dass seine Mutter nicht mehr zurückkehrt, und ist sie dann suchen gegangen.

Dan hat ein Blechstück gebracht und mit dem Hämmerchen draufgeklopft, um zu sehen, ob der Igel tanzt, aber er zuckte nur. Der Hund freute sich, dass wir den Igel gefangen hatten, und verging schier vor Ungeduld, wollte, dass wir ihn ganz schnell ihm geben. Als habe er ein Recht auf ihn. Er hatte gebellt, hat uns herbeigerufen, und ihm war es zu verdanken, dass wir ihn gefangen hatten. Der Igel hat nicht versucht, davonzurennen, auch als Dan nicht mehr auf das Blech klopfte. Da hatten wir nicht mehr im Sinn, ihn davonkommen und in Ruhe zu lassen. Der Hund wartete dermaßen und leckte sich die Schnauze vor Appetit! Wir schubsten ihn mit den Füßen an, bis er bei ihm war. Er rollte wie ein Ball. Ciarls wollte nicht in unserem Beisein fressen und wartete, dass wir gingen. Ich habe ihm zu verstehen gegeben, er möge nicht wieder jaulen, wenn wir uns schlafen legen, dass er sich die Schnauze zerstochen hat, und uns schlafen lassen, und nicht das ganze Dorf aufwecken … Wenn wir einen Laut hören, kommen wir und nehmen dir den Igel weg. Und der Hund hat keinen Laut von sich gegeben. Der Hund versteht alles. Ja, manchmal versteht er einen auch, wenn man ihm nicht klar sagt, was er tun soll und was nicht. Während man stundenlang auf die Leute einreden kann, und sie verstehen noch immer nichts. Am nächsten Tag sind wir hingegangen, die Igelhaut holen, denn wenn sie bei dieser Hitze länger liegen bleibt, fängt sie an zu stinken, und dann kommen die länglichen gelben Fliegen, die wer weiß welche Infektionen übertragen. Ich habe die Igelhaut gesucht, sie aber nicht gefunden. Der Hund wird doch wohl den Igel nicht samt den Stacheln gefressen haben? Vielleicht hat er sie irgendwo vergraben … Da hat mich ein solches Mitleid gepackt … Wie konnte ich dem Hund solch ein kleines, unschuldiges und schönes Tier geben? Wenn ihn wenigstens der Hund alleine gefangen hätte, mir hätte es weniger leidgetan. Vielleicht hatte dieser nicht im Sinn, Küken und Hühner zu fressen. Der Igel ist ein gutes und nützliches Tier, und wir haben ihn dem Hund gegeben. Wir hätten ihn in den Wald tragen können oder ans andere Ende der Straße, weiter weg von unserem Haus und unserem Geflügel. Ich hätte ihn leben lassen sollen, denn er ist auch ein lebendiges Wesen und hat ein Recht auf sein Leben. Es tut mir so leid, ich könnte weinen. Und was ist das für ein Beispiel für die Kinder, die grausam und mit bösen Herzen aufwachsen werden …

Dan sagt es mir nicht, wenn er ein Mädchen liebt, aber Marcel bekennt aufrichtig, wer ihm gefällt und wen er heiraten möchte, wenn er ein bisschen größer ist. Bestimmt ist das Mädchen, in das sich Marcel tödlich verliebt hat, eigentlich in Dan verliebt, mit dem es in die gleiche Kindergartengruppe geht, sie sind gleich alt. Marcel hat es mitgebracht zu uns, um ihm irgendein Spielzeug zu zeigen, und das Mädchen hat mit unseren kleinen Traktoren und Autos gespielt wie ein Junge. Dann haben sie im Sand gespielt, und ich habe gesehen, wie Marcel sie an sich herangezogen hat, sie sind beide auf den Hintern gefallen, und er hat sie geküsst, ich habe nicht recht sehen können, wohin genau, denn sie hatten mir den Rücken zugekehrt. Aber er hat sie geküsst, und das Mädchen hat stillgehalten und abgewartet, bis Marcel genug hatte. Dann hat sie nach Dan Ausschau gehalten, ich habe auf der Treppe Kartoffeln geschält und konnte alles wie in meiner eigenen Hand sehen. Dan, der Mann des Hauses, spielte nicht mit allen Rotznasen im Sand, er hatte sich darangemacht, ein paar Stecken von da nach dort zu tragen, als hätten die nicht dort liegen bleiben können, wo sie nun mal lagen. Ich habe mich nicht eingemischt, habe ihm nicht gesagt, was er tue, sei sinnlos, damit ich ihn nicht vor den fremden Kindern bloßstellte, vor allem vor den Mädchen, ich hab ihn in Ruhe gelassen. Und unser Dan war dermaßen ernsthaft, kalt und gleichgültig! Das Mädchen ist aufgestanden aus dem Sand, hat sich die Zöpfchen gerichtet, das Kleidchen glattgestrichen und sich vor Dan aufgepflanzt: Brauchst du Hilfe?

Dan mied sie und schleppte weiter seine Stecken, er sagte kein Wort, und auch sein Gesicht verriet keine Regung. Schon möglich, dass diese Rotzgöre auch von Dan geküsst werden will! Sie war so groß wie Dan, hübsch und reinlich. Für Marcel kommt mir dieses viele Küssen etwas früh vor. Aber Dan kann zärtlicher zu den Mädchen sein, immerhin. Das Mädchen ließ sich von Dans Gleichgültigkeit nicht einschüchtern und begann auch, Stecken zu tragen. Nun trugen sie beide und schauten sich nicht an. Warum bloß hatte ich ihn nicht angestellt, den Garten zu fegen? Wie sauber der geworden wäre bei so vielen Freiwilligen! Marcel saß wie bescheuert im Sand, diese starken Eindrücke hatten ihm die Sinne geraubt. Wo noch nicht einmal Lucian und ich uns mit solch ausdauernder Leidenschaft geküsst hatten. Nun wachsen diese jungen Generationen heran, die sich erst küssen und dann gehen lernen. Dan und seine hübsche Kindergartengefährtin schleppten Stecken durch die Gegend, und ich habe die Kartoffeln ins Haus gebracht, doch als ich wieder hinauskam, war keine Spur von Dan und dem Mädchen mehr zu sehen. Wo waren die so schnell hin verschwunden?

Als ich Marcel fragte, zuckte dieser philosophisch die Schultern, wie ein achtzigjähriger Greis.

Nicht da, antwortete er kurz und nachdenklich.

Es schien, als liebte er sie sehr, aber er war nicht eifersüchtig. Crina ist meine Liebste, wiederholte er allenthalben. Und nun verschwindet Crina mit Dan, mit dem sie jetzt ganz bestimmt in einem verborgenen Winkel des Schuppens oder auf einem Speicher Doktor spielt, und Marcel kümmert das überhaupt nicht. Dan hatte andere Mädchen, mit denen er spielte, ich habe sie nackt erwischt, wie sie sich mit kleinen Stöckchen piekten, von wegen sie seien erkrankt und impften sich. Als ich Lia sagte, dass ich ihre Schwester erwischt habe, wie sie Dan geheilt hat, sagte mir Lia, dass auch sie das getan hat, als sie kleiner war. Und nun bringt Dan dies Marcels Liebster bei und führt die Tradition fort. Lia meint, das seien unschuldige Kinderspiele, ich sollte mich nicht beunruhigen. Ich habe Angst, dass meine Brüder so werden könnten wie Veronicas Cousin, der in zu jungen Jahren wie ein junger Hengst in Wallungen geraten ist, und nun weiß niemand mehr, was man mit ihm noch anfangen soll. Man kann nicht sagen, die Jungs verderben, wenn sie keinen Vater haben, denn der hat einen Vater, bloß was nützt das! Sein Vater wollte ihm etwas Gutes tun und hat es ihm ermöglicht, die Frau kennenzulernen, damit der Junge nicht unerfüllt aufwächst und die Prozedur begreift, sodass er nicht so leicht um den Finger zu wickeln ist. Und was kam dabei heraus? Wenn du also einen Vater hast, heißt das nicht, dass du zu einem anständigen Menschen heranreifst, und wenn du keinen Vater hast, heißt das nicht, dass du ein Bandit und ein verdorbener Mensch werden wirst. Meine Brüder werden nicht so sein. Ich werde mir Crina schnappen und ihr sagen, sie soll hier nicht mehr aufkreuzen. Die wickelt mal den einen Bruder um den Finger und mal den anderen.

Lia hat gesagt, es ist nicht gut, Jungs ohne Mädchen aufwachsen zu lassen, weil die dann schüchtern werden, zurückgezogen und dumm. Die Mädchen sind schlauer und verlogener. Es reicht, dass eine den Rock hochhebt, und schon hat sie ihn so weit, sie zu heiraten. Lass sie sich ein bisschen betatschen, sich ausziehen, die werden davon nicht schwanger, sie mögen das, sonst hielten sie nicht still wie die Schafe. Wenn du sie streng hältst, wachsen die Jungs auf wie im Wald, und schließlich haben sie an den Folgen zu tragen.

Aber Marcel ist noch ganz klein, als ich so klein war …

Nun lass mal, solange sie klein sind, schreien sie lauthals herum, dass sie sie lieben, aber wenn sie nur ein bisschen größer werden, wollen sie nichts mehr von ihnen wissen, schauen sie überhaupt nicht mehr an! Schauen die Jungs aus unserer Klasse uns etwa an?

Sie schauen schon, ja doch, sicher schauen sie, ich weiß, dass Lia einen hat, obwohl er ein Jahr jünger ist als sie. Beider Eltern wissen über ihre Beziehung Bescheid, und sie haben ihnen sogar Karten für den Zirkus in Chișinău gekauft. Obwohl sie noch ziemlich klein ist, trägt Lia einen Silberring. Und ich habe ein Goldkettchen, aber ich fürchte mich, es zu tragen, dass es mir nicht irgendein Säufer vom Hals reißt. Mir hat es Mama gekauft, aber sie hat den Ring von ihrem Liebsten bekommen, der ihr die Schultasche nach Hause trägt und sie zum Spazierengehen einlädt, auch lehrt er sie im Schulstadion Fahrrad fahren. Er ist ein Einzelkind, und seine Eltern sind sehr fleißig, sie sind nicht ins Ausland gegangen, sondern arbeiten im Dorf und kommen gut zurecht, sie haben den besten Hof im Dorf, auch einen kleinen Teich mit Fischen, es geht ihnen gut. Ja, ich habe zu viel Verantwortung, als dass ich meine Zeit mit Jungs vertrödeln könnte. Ich muss mich um meine Brüder kümmern und habe keine Zeit für die Liebe, wie andere Mädchen.

Einmal in der Woche wasche ich ihnen die Haare, Marcel ist klein, aber Dan könnte sie sich allein waschen, ich mache ihnen jeden Tag die Betten, wasche ihre Kleider und bügle sie, wenn nötig, ich koche für sie und decke den Tisch, dann spüle ich das Geschirr, und Dan wirft mir allerhand an den Kopf, wenn er schlechte Laune hat, dann bin ich ein verteufeltes Weibsstück, eine krummbeinige Dürre (obwohl ich überhaupt keine krummen Beine habe, er ist selber krummbeinig), eine verhagelte Pute, er knallt die Tür zu und haut ab. Und Mama sagt mir immerzu, ich hätte überhaupt keinen Grund, mich über ihn zu ärgern, ich soll auf ihn zugehen, nett und sanft mit ihm reden, denn er ist ein sehr gutes und braves Kind. Hätte ich nicht diese beiden rotznäsigen Brüder, ich wäre längst in Italien bei meiner Mama. Auch ich würde mich um ein Kind kümmern und tausend Euro im Monat bekommen. Hier kümmere ich mich um zwei, und was ist der Lohn? In Italien hätte ich viel Geld verdient, und ich wäre zurückgekehrt, Fedoraş heiraten, oder aber ich wäre dortgeblieben und auf eine namhafte Stewardessen-Schule gegangen. Ich will mal im Flugzeug arbeiten, denn ich fürchte mich nicht vor der Höhe, mir wird nicht schlecht, und ich kann es kaum erwarten, wenigstens einmal von einem Hubschrauber aus abzuspringen.

Ich habe es auch Mama gesagt: Marcel hat bestimmt Würmer! Er wird den fremden Kater geküsst, mit unserem Hund oder mit räudigen Kindern gespielt haben. Die Leute essen, was sie essen, auch wir essen, wir wachsen, und unser Organismus verlangt, was er braucht, aber Marcel isst ohne Unterlass, viel, wie ein Erwachsener, und kurz darauf ist er wieder hungrig. Bestimmt wegen der Würmer in seinen Därmen! Denn ich habe nicht den Eindruck, dass er so rasch wächst und deshalb so viel essen muss, auch ist er überhaupt nicht dick. Er isst rasch und gierig, ich habe ihn erwischt, wie er die Käsemakkaroni aus der Schüssel aß. Da habe ich ihn nur gefragt: Bist du satt, Marcelchen, oder möchtest du noch was auf den Teller? Schau, obwohl wir größer sind, habe ich dir das meiste aufgetan!

Ja, ich bin satt, sagt er. Und wartet, dass wir die Küche verlassen, um sogleich überall in die Speisen zu grapschen, die ich für den nächsten Tag zurückstellen will. Die Patentante sagt, so essen Männer. Aber Dan isst nicht so viel, und schließlich ist er doch kein Mädchen. Marcel isst heimlich, als würde ich ihm nichts geben, wenn er danach verlangt. Stimmt schon, anfangs hat er etwas verlangt, und ich habe es ihm nicht gegeben. Kekse wollte er mal haben, aber die hatte ich für alle auf ein paar Tage aufgeteilt, und ihm gesagt, die seien für morgen früh. Einmal habe ich ein paar Pfannkuchen versteckt, und er bat mich mit einer überaus süßen Stimme, ob es denn nicht möglich wäre, dass er und Dan noch ein kleines Stückchen bekämen. Ich hätte ihnen schon noch ein Stückchen geben können, aber wenn ich sie geholt hätte, hätten sie gesehen, wo ich sie versteckt hatte. Und dann addio Pfannkuchen! Die beiden hätten alles aufgemampft, bis auf das letzte Krümelchen. Und ich hätte mich am nächsten Tag gefragt, wo sind die Pfannkuchen? Und Marcel hätte mit allergrößter Verwunderung die Schultern gezuckt, genau, wo sind die bloß, und Dan hätte gemeint, ein Hund oder eine Katze könnten sie gefressen haben … Beide sehr verlässliche Jungs! Ich weiß Bescheid.

Jetzt weiß alle Welt, was »dein, mein, unser« heißt. Dein Kind aus einer früheren Ehe, mein Kind aus einer früheren Ehe, unser Kind aus unserer jetzigen Ehe. Es gibt immer mehr solche Kinder bei uns im Dorf, zum Beispiel der Junge von Costică, den er mit dem Drachenweib gemacht hat, als ihn seine erste Frau verlassen hatte. Sie hat ihn mit zwei Kindern sitzengelassen, zwei Jungs, um die er sich nun alleine kümmern muss, zur Strafe für all das, was sie, solange sie zusammen waren, zu erdulden hatte.

Rodica war sehr jung, als sie geheiratet hat, sie hatte vor Costică keinen anderen Mann, noch kein anderer hatte sie vor ihm geküsst, also hatte er ihr nichts vorzuwerfen. Der Altersunterschied zwischen ihnen betrug zehn Jahre. Sie war sehr zart, schmal und schön. Wenige Monate nachdem sie geheiratet hatten, war sie nicht wiederzuerkennen. Sie lief mit einem alten und hässlichen Kopftuch herum, trug Gummigaloschen und dicke Strümpfe und hatte stets eine Art Unisex-Kittel an, wie man ihn früher bei den Arbeitern in der Traktoren-Station sehen konnte. Ich habe die zwar nie gesehen, denn es gibt diese Traktoren-Station nicht mehr, aber so sagen es die Leute. Sie sah aus wie ein vierzigjähriges altes Weib, aber nicht einmal die tragen solche Kopftücher oder Galoschen, sie sah eher wie eine Urgroßmutter aus. Sie schämte sich sehr, dass sie sich so hässlich anzog, und ging auf der Straße schnell vorbei, den Kopf gesenkt, und vermied es, mit irgendjemandem zu reden. Sie hatte allgemein keine Freundin und sprach mit niemandem. Ihr Mann erlaubte ihr nicht, sich schön anzuziehen. Selbst wenn sie bis zum Brunnen ging und einigermaßen normal angezogen war, in Hosen und einem Shirt, beschimpfte Costică sie unflätig und begann, sie noch auf dem Weg auszuziehen. Sie kam beinahe nackt bei ihrem Hof an und rannte ins Haus, während er ihre Klamotten in den Backofen warf und sie anzündete. Dann ging er ins Haus und schlug sie bis aufs Blut. Rodica schämte sich zu schreien, damit bloß die Nachbarn nichts hörten, herüberkämen und sie splitternackt und verprügelt sähen, auch beklagte sie sich nicht bei ihren Eltern. Eine ihrer kleineren Schwestern, sie ist meine Klassenkameradin, erzählte uns alles. Als sie das erste Kind geboren hatte, kam bald darauf auch das zweite, aber ihr Mann ließ sie immer noch nicht in Frieden. Sie warf sich in den Brunnen und hat sich dabei den Ellbogen und den Kopf aufgeschürft. Die Leute haben sie herausgezogen und sich furchtbar über sie geärgert, denn sie hatte den Brunnen verdorben. Denn sein Wasser ist nicht mehr gut, wenn sich eine Frau hineingeworfen hat, und nun müssen sie durch das halbe Dorf laufen, Alte und Kranke, und zwei schwere Eimer von wer weiß wo herbeischleppen. Als sie sich zum zweiten Mal in den Brunnen werfen wollte, hat ein Mann sie gesehen, der zu ihr sagte, besser als so jung zu sterben, solle sie doch aufbrechen in die weite Welt. Denn es gibt auch jenseits ihres Hofes noch ein Leben. Was hatte sie denn mit ihren zwanzig Jahren schon gesehen? Hau ab! Und bei der ersten Gelegenheit ist Rodica gegangen. Sie ist nie wieder in unser Dorf zurückgekehrt, seit Jahr und Tag, ist nicht ihre Kinder sehen gekommen und hat ihnen auch kein Geld geschickt, sie hat kein Lebenszeichen mehr von sich gegeben. Ihre Eltern vermeiden es, auf Fragen nach ihrer Tochter antworten zu müssen, sie schämen sich dessen, was sie hatte durchmachen müssen, ohne dass sie ihr irgendwie hatten beistehen können. Sie hatten sich gefreut, sie jung verheiraten und loswerden zu können.

Und Costică blieb mit den beiden Kindern eine Weile allein, dann wünschte er sich eine Frau. Aber wer schaute schon solch einen Mann an? Hatte er mal eine geködert, die mickrigste oder hässlichste Frau des Dorfes, schon versammelte sich an seinem Tor ein Haufen Hausfrauen, an der Spitze die Mutter der Hässlichen, die ihm zuriefen: »Gib mir mein Mädchen zurück, du Bandit! Willst du sie statt Holz verheizen? Ist dir kalt, brauchst du Heizmaterial?« Sie waren viele, manchmal hatten sie sich mit Beilen oder Knüppeln bewaffnet, und Costică legte sich nicht mit ihnen an. Schließlich zog das Drachenweib zu ihm.

Drachenweib ist ein Spitzname, denn sie ist eine große, starke, stämmige Frau, wenn sie eine ihrer Titten auf dich richtet, verkrümelst du dich sofort und fängst an zu zittern, und wenn sie sich über Costică ärgert, faucht sie Flammen durch die Nasenlöcher, und aus ihren Ohren steigt Rauch. Sie hatte schon davor ein paar Männer, die sie durchprügelte, wo und wann es ihr beliebte. Sie ging allein nach Hause, dann kehrte sie zurück, lud sie sich auf den Rücken und trug sie nach Hause. »Steh auf, Suffkopf, ich hab dich mein ganzes Leben auf dem Rücken getragen, hab dich hinter mir her geschleift, und nun soll ich dich auch noch mitten auf der Straße auflesen!« Dann änderte sie den Ton: »Säufer und gemein, aber er ist mein!«

Costică hat sie aus dem Nachbardorf gebracht und mit ihr ein Kind gemacht. Er fürchtet sich vor ihr und respektiert sie, ab und zu kriegt er auch Schläge von ihr. Gott ist groß, und die Leute sagen, er hat bekommen, was er verdient.

Es heißt, einmal seien die Männer, so viele eben noch im Dorf waren, zur Heumahd gegangen. Alle hatten sie sich etwas zu essen mitgenommen, denn sie hatten den ganzen Tag über zu arbeiten. Costică hatte im Kühlschrank ein Stück gebratenen Hasen gefunden. Zu Mittag setzten sie sich hin zum Essen. Aber kaum hatten sie ihre Sachen ausgebreitet, da tauchte donnernd und blitzend das Drachenweib auf: Du Säufer, hast den Kindern den Hasen vom Mund weggenommen!

Und schon begann sie, die Speisen der Männer einzusammeln, nicht nur das Stück Hase, sie nahm sich auch ein paar Pfannkuchen, etwas frischen Schafskäse, es reichte alles in allem für gut drei Tage, nur die Zwiebeln interessierten sie nicht. Unter jenen Männern war auch ein Armenier, der mit seiner Armenierin seit vielen Jahren in unserem Dorf lebte, und der nahm es nicht hin, dass Frauen sich über die Männer lustig machten.

Verrücktes und böses Weib!, ging er sie an.

Da zog das Drachenweib einen ihrer Schuhe aus und warf ihn dem Armenier an den Kopf. Dann zog sie den zweiten aus und traktierte Costică auf die gleiche Weise, wobei sie ihn anzischte: Ohne meine Schuhe hast du zu Hause nichts verloren!

Dann ging sie barfuß und triumphierend davon und ließ die Männer hungrig und erniedrigt auf dem Feld zurück.

Mir fiel ein, wie ich mit Fedoraș mitten durch das Dorf spaziert bin. Wir waren eben erst eingeschult worden, waren in der gleichen Klasse und suchten uns schon den Platz aus für unseren künftigen Haushalt und das Modell für unser Haus. Er träumte von einem großen Haus im Zentrum, in der Nähe aller Geschäfte, ich wollte es nahe am Abhang haben, wo der Bach fließt und die Gänseküken friedlich grasen können. Wir schauten uns die Häuser alle ganz genau an, bei einem gefiel uns das Tor mit eingeschnitzten Traubenranken und Störchen, beim anderen die großen Fenster mit schönen Vorhängen, in manchen Höfen war es so sauber, dass man Mohnkügelchen hätte vom Boden auflecken können.

Dann ging Fedoraș mit seinen Eltern nach Italien, und jetzt lernt er in einer dortigen Schule. Mama hat mir nicht gesagt, in welcher Stadt sie sind. Aber ich weiß, dass Fedoraș eines Tages zurückkehren und mich heiraten wird. Er liebt mich sehr. Ich warte, dass er die Schule abschließt. Er wird kommen, und wir werden uns in unserem Dorf ein Haus bauen, das schönste der Welt. Und wenn alle weggehen und das Dorf leer zurückbleibt, werden wir viele, viele Kinder kriegen und es wieder füllen. Unsere Kinder werden die verlassenen Häuser besetzen, werden aufwachsen, arbeiten, und das Dorf wird erblühen.

Veronica ist ein verdorbenes Mädchen, sie ist bloß drei Jahre älter als ich, aber sie scheint viel älter zu sein, denn sie hat große Brüste, ist groß und stämmig. Sie hat keinen Vater, ihre Mutter arbeitet im Ausland, aber sie schickt ihr nicht genug Geld, und niemand kümmert sich um sie. Zuerst wohnte sie bei ihrer Großmutter, dann zog sie in ihr Haus, also in das ihrer Mutter, damit sie nach Lust und Laune rumhuren konnte. Ihre Großmutter hatte drei Töchter, die älteste ist nach Russland gegangen, nach Tiumen, wo sie geheiratet hat, sie hat zwei Kinder, die Russisch sprechen, die mittlere hat einen Traktoristen aus unserem Dorf geheiratet, und die jüngste hatte kein Glück, sie hat als Ledige schon ein Kind gekriegt und nicht mehr geheiratet.

Ich erinnere mich an Felicia Petrovna, Veronicas Mutter, die Dorfbibliothekarin und schönste Frau des Dorfes! Ihretwegen besuchte das gesamte Dorf, vor allem die Männer, die Dorfbibliothek. Wir erfreuten uns allein schon an ihrem Anblick, wenn sie auf der Straße vorbeiging. Sie war auf dem Weg zur Arbeit, hatte das Haar gerafft, große schwarze Augen, sehr weiße Haut und eine Lippenzeichnung wie Angelina Jolie. Veronica ist nicht so schön wie sie. Wir gingen in die Bibliothek, damit wir sie lächeln sahen, wir nahmen uns ein Buch und kamen am nächsten Tag wieder. Sie fragte uns, hast du es denn schon gelesen? So ein dickes Buch? Ja, antworteten wir. Dann sag mal, wie endet es? Wir hatten Mitleid mit ihr, wenn sie traurig war. Wir wussten, dass sie unglücklich war und allein, dass sie kein Glück in der Liebe hatte und es mit ihr und den Männern nicht klappte. Die Leute sagten, sie brauche gar keinen Mann. Sie käme sehr gut ohne einen Säufer im Nacken zurecht, und wenn sie etwas brauche, eilten alle Männer herbei, ihr zu helfen. Sie stritten untereinander, wer ihr den Acker pflügen und wer ihr die Ernte einholen dürfe. Sie hatte das Haus ihrer Großmutter geerbt, das sie ein bisschen modernisiert, ein bisschen renoviert hatte. Sie brauchte nicht viel zum Leben, hatte in diesen schweren Zeiten eine Arbeit, wobei diejenigen, die nur Äcker haben, in Dürrejahren ohne Ernte und Einkommen bleiben, sie hatte eine Tochter, mit der sie sich tröstete, ihre älteren und wohlhabenderen Schwestern unterstützten sie ebenso wie sämtliche Männer des Dorfes. Die Frauen sagten, sie ziehe die Leute an, als habe sie Honig. Ein kleineres Kind hatte seine Mutter sagen gehört, Felicia habe Honig, und fragte sie eines Tages: »Wo ist Ihr Honig?« Ich hätte gedacht, das hat sich jemand ausgedacht, aber als ich klein war, habe ich auch gehört, sie habe Honig, nur dass ich zu wissen meinte, wo ihr Honig war: zwischen den Brüsten, ein winzig kleines Dunstgläschen, eingehüllt in weiße Spitze. Und ich stellte mir auch vor, wie der Honig aus dem Dunstgläschen rinnt, wenn Tante Felicia etwas schneller geht, und wie dann alle, die sie berühren, an ihr kleben bleiben, genau so wie in jener Geschichte, in der diejenigen, die den dümmlichen Ivanușka berührten, an ihm kleben blieben, sodass er mit einem großen Gefolge bei der ewig verdrossenen und verheulten Prinzessin ankam und sie zum Lachen brachte. Dafür hat der König sie ihm zur Frau gegeben. Ich stellte mir vor, wie Tante Felicia in ihren luftigen Kleidern triumphierend die Straße hinabgeht und zig verliebte Männer wie die Fliegen an ihr kleben, und es kein Entkommen für sie gibt. Felicia hatte ein Haus, Geld, ein Kind, aber keinen Mann. Dies war die Erklärung dafür, dass sie weggegangen ist.

Bloß dass ihre Tochter allein zu Hause geblieben ist, mit einem Hurenbock von Onkel, der es kaum erwarten konnte, dass ihr die Knospen sprießen. Dazu kommt, dass auch dessen Frau, also Felicias Schwester, nicht zu Hause, sondern ebenfalls zum »langen Geld« gereist war und ihn mit ihren beiden Söhnen allein gelassen hatte. Und sie schickte ihm Geld, mal um den Zaun zu reparieren, das heißt, statt des Holzzaunes, der aus der Mode geraten war, einen aus Beton anzuschaffen, mit Blümchen, wie ihn die besseren Leute hatten, dann um die Möbel im Haus auszutauschen, noch einen Speicher für die Säcke mit Weizen und Mais zu bauen, und immer so weiter. Der Mann arbeitete ums Haus herum, verdiente kein Geld, denn seinen kaputten Traktor konnte niemand brauchen. Er kümmerte sich um den Weingarten, damit er das ganze Jahr über etwas zu trinken hatte. Manchmal gab er das Geld seiner Frau einfach so aus, das heißt für Nutten. Man sagt, der Onkel schaue recht oft bei der Nichte vorbei. Jetzt meiden einige Mädchen Veronica, denn sie ist ganz verdorben … Sie sagt, ihre Mutter liebe sie nicht. Sonst hätte sie sie mitgenommen und nicht allein unter all den Säufern zurückgelassen …

Ich habe mit Lucian am Telefon gesprochen, der mich gebeten hat, nicht mehr mit Veronica zu sprechen, nicht mehr mit ihr zu spielen und sie auch nicht bei uns zu empfangen.

Ich bitte dich!, beharrte er am Telefon.

Auch du warst bei ihr! Nicht umsonst lässt deine Mutter dich nicht mehr zu uns ins Dorf kommen.

Und ich hätte weinen können vor Wut. Also bei Veronica ist er ein Mann, und mit mir hat er Kleinmädchen gespielt.

Am Dorfrand hinter der Schule war gestern Karneval. Auch wir waren dort. Onkelchen Andrei hat die Agripina verprügelt. Hat sie geschlagen, bis der Rettungswagen gekommen ist. Auch diesmal sind wir geblieben, bis wir Hunger hatten, aber der Rettungswagen war noch nicht da. Zuerst hat man Schreie und Hiebe gehört. Von uns aus hat man nichts gehört, aber Ghiță hat uns gerufen. Kommt, schnell, er haut sie wieder. Als wir bei ihrem Zaun angekommen sind, hatten sich dort schon etwa zwanzig Kinder versammelt. Die einen waren auf den Zaun geklettert, andere schauten durch die Ritzen. Ich, etwas größer, konnte über den Zaun schauen, wenn ich mich ein bisschen auf die Zehenspitzen erhob. Eigentlich hat es kaum etwas zu sehen gegeben. Er hatte sie schon ums Haus rumgehetzt, hatte schon die gaffenden Kinder angeblafft und sie mit dem Beil erschreckt, das er drohend in ihre Richtung schwenkte. Sie hatte an diesem Tag Brot gebacken, war also müde, keuchte wie ein Walfisch, sie ist ohnehin herzkrank, und er hatte sie bald erwischt. Aber bevor er sie einholte, hatte er mit dem Beil nach ihr geworfen, und diesmal soll er sie auch am Ellbogen oder an der Hand getroffen haben, er hat sie also verletzt, und als er das Blut gesehen hat, überkam ihn die große Liebe. Auch wir haben die ein kleines bisschen mit Blut bespritzte Wand gesehen. Wenigstens so viel haben wir gesehen. Hätten wir nicht gewusst, wo wir hinschauen sollten, hätten wir es gar nicht gemerkt. Die Agripina lag ohnmächtig hinter dem Haus, also hinter dem Schuppen, und ruhte sich aus nach dem vielen Gerenne. Es sind bloß zwei Mann hineingegangen, zu sehen, was los war, und Onkelchen Andrei zu trösten, denn der weinte sehr. Wie jedes Mal glaubte er, jetzt habe er sie umgebracht und würde endlich ins Gefängnis gehen. Agripina hatte zu ihm gesagt: Vielleicht sterbe ich von deiner Hand, und du landest im Gefängnis, du Faschist!

Wir haben nur noch den Schlussmoment erwischt.

Und auch diesmal war der Mann, wie beim letzten Mal auch, auf die Knie gesunken, hatte sich das zerlumpte Hemd vom Leib und die Haare aus dem Kopf gerissen und so laut, wie er irgend konnte, geschrien: »Agripinaaa, ich liebe dich! Agripina, ich halte es ohne dich nicht aus, mein liebstes Weiblein. Ich habe mich an dir vergangen, verzeih mir bitte, allerliebstes Weib.«

Wir vergingen alle vor Entzücken, er sprach so schön zu ihr, als zitierte er aus Eminescu! Und er schmeichelte ihr mit allerlei schönen Reden, bis der Rettungswagen kam. Wir hörten alles, denn er schrie laut, damit alle Welt hörte, wie sehr er sie liebt. Und er wurde immer röter und verschwitzter. Weil sie ohnmächtig war, konnte man nicht wissen, ob sie ihn hörte. Die Nachbarinnen haben es ihr dann gesagt, um ihr eine Freude zu machen. Aber sie glaubte es nicht. Als der Rettungswagen ankam, gab es den spannendsten Moment. Da hatte ihn offenbar vollends der Wahnsinn gepackt. Ohne zwei, drei kräftige Männer, die ihn festhielten, ging es nicht. Im Dorf hörte man es, wenn sie sich schlugen, und die Frauen gingen auf die Suche nach den stärksten Männern, denn sie wussten schon, was folgen würde. Die Männer mussten ihn in den Schwitzkasten nehmen, denn sonst hätte er sich an die Tragbahre geklammert, sich an der Tür des Rettungswagens festgehalten und die Ärzte daran gehindert, der Frau ihre Hilfe angedeihen zu lassen oder sie ins Krankenhaus zu fahren.

Wegen seiner herzzerreißenden Klagen haben die alten Weiber des Dorfes ihm den Spitznamen »das Klageweib« verpasst. Mit dieser Musik und diesen Versen könnte er bei den Beerdigungen viel Geld verdienen, sagten sie, denn heutzutage gibt es kaum noch Klagemänner wie früher.

Der ist noch zu jung zum Klagemann, sagte ein Mann.

Da ärgern sich die Toten, wenn der sie beklagt, sagte ein anderer. Auch ist er ein ziemlicher Hurenbock, und wenn seine Frau diesmal mit dem Leben davonkommt, stirbt sie beim nächsten Mal von seiner Hand.

Eigentlich warten alle darauf, dass sie stirbt. Schon seit einigen Jahren kommt zwei-, dreimal im Jahr der Rettungswagen sie holen, obwohl es heißt, dass ein Mensch nach drei Herzattacken nicht mehr durchhält, aber Agripina stirbt trotzdem nicht. Auch die Ärzte langweilen sich mittlerweile und kommen nicht mehr. Sie ist ganz blau, beinahe tot, aber nach ein paar Tagen kehrt sie nach Hause zurück, die blauen Flecken vergehen, es tut ihr nichts mehr weh, und sie wird wieder die gleiche Schlange, die sie vorher war. Und fängt wieder an, ihren Mann vollzuquatschen, dass er kein Geld hat, dass sie keinen Zaun haben, dass er das Haus nicht fertiggekriegt hat, dass das Heu verfault ist, weil er es nicht rechtzeitig eingeholt hat, was sollen die Schafe nun im Winter fressen, dass die Spatzen ihnen die Sonnenblumenkerne weggepickt haben, dass er sich nicht gut gestellt hat mit denen, auf die es ankommt, und dass sie ihn nicht einmal zum Gehilfen des Bürgermeisters gewählt haben. Und dass er wieder das ganze Geld ausgegeben hat, der elende Hurensohn, der er ist. Dass ihn die Leute mit jener Hure gesehen haben, die es mit dem ganzen Dorf treibt, ja mit dem gesamten Landkreis, und von der werde er sich alle möglichen Krankheiten holen und sie anstecken, so ein Viech! Und so treibt sie es immer weiter, denn sie ist das größte Lästermaul im ganzen Dorf. Und wenn er sie verprügelt, bedauert ihn das Dorf, der Hübsche und Feurige, wieder einmal hat er all die Qualen nicht aushalten können. Sie bedauern sie nur, wenn sie ohnmächtig ist und nichts mehr sagt, dann werfen sie ihr auch nichts mehr vor. Und die Frauen sagen: Sie mag zwar ein loses Maul haben, aber dafür muss er sie doch nicht umbringen. Denn bei ihrem schwachen Herzen kann sie sogar schon sterben, wenn man sie einmal laut anschreit, geschweige denn, wenn sie ein besoffener Ehemann bedroht, hinter ihr herrennt und mit dem Beil nach ihr wirft …

Die Mütter kommen!

Wie die Ziege im Märchen kommen die Mütter nach Hause, zitternd vor Aufregung und Furcht, warten die Zicklein zu Hause, hat sie etwa der Wolf gefressen? Die Kinder weinen bei der Ankunft der Mütter, schüchtern sind sie, und sie erschrecken: wie groß ihre Sprösslinge während ihrer Abwesenheit geworden sind. Die Mütter kommen zu ihren Kindern ins Dorf, denn jetzt im Sommer haben sie Urlaub, nur unsere Mutter kommt nicht.

Ich will gar nicht daran denken, dass ich mir wünsche, Großmutter solle sterben, damit Mutter und Vater sogleich nach Hause kommen. So denken alle Kinder von Großmutter, und deshalb sind wir diesen Sommer allein zu Hause. Unsere Eltern haben sich darauf verständigt, nicht zweimal zu kommen und das Geld für die Reisen auszugeben. Letzten Sommer war Vater für zwei, drei Tage gekommen und hat ein bisschen was getan, da und dort was repariert. Dann ist auch Mama in den Urlaub gekommen. Aber in diesem Jahr warten sie ab, dass Großmutter stirbt.

Wenn Mama kommt, dann weint sie nicht vor uns, sie sagt, wisst ihr, ich muss ein bisschen aufräumen im Schuppen, oder das Schwein schreit vor Hunger, oder sie findet einen anderen Vorwand, sich vor uns zu verstecken, und dann, wenn sie genug geweint hat, kommt sie lächelnd zu uns. Und Marcel, den Mama so wenig im Arm gehabt hat, will, wenn sie kommt und mit dem Gepäck beschäftigt ist oder am Telefon spricht, sich nur noch an sie klammern, er bückt sich und umfasst ihr Bein. Mama sagt nichts, sie lässt ihn, sie möchte ihn im Arm halten, aber jetzt kann sie nicht, sie hat keine Zeit. Sie bewegt sich, besser gesagt, schleppt sich dahin und dorthin, und immerzu hängt ihr Marcel am Bein.

Und einmal, früher, da hat sich Marcel versteckt, ich weiß nicht, ob er sich erschreckt hatte, aber wir riefen alle: Marcel, Mama ist gekommen, sie sucht dich, doch er hatte sich unter den Kissen im Salon verkrochen, und wir wollten ihn herausziehen, aber er hielt sich an den Kissen fest und schrie, damals schrie er auch, als Mama ihn auf den Arm genommen hat, als wäre sie zu heiß gewesen und hätte ihn versengt. Jetzt versteckt er sich nicht mehr. Mama bringt ihm Kleidung mit, Spielsachen, sehr schön verpackte Kekse und Schokoladen, und er wartet mit der gleichen Ungeduld wie wir.

Wir sprechen der Reihe nach am Telefon, in der Folge des Alters. Mich fragt Mama, was ich gekocht habe und ob wir noch Lebensmittelvorräte haben, ob uns nichts wehtut, ob uns jemand geschlagen oder uns einen Spitznamen gegeben hat, ob uns eine Verwandte etwas Gutes zu essen vorbeigebracht hat, ob unsere Kleider sauber sind, ob nicht die Waschmaschine, der Kühlschrank oder der Fernseher kaputtgegangen sind, ob es sauber ist im Haus.

Als Nächster ist Dan an der Reihe, der ihr sagt, welche Spielsachen oder Klamotten sie ihm kaufen soll, wer ihn geschlagen hat (wenn es passiert ist), und jedes Mal wieder sagt er Mama, dass ihm irgendwo etwas wehtut, und Mama sagt, leg den Hörer oder das Telefon auf die Stelle oder auf die Blase, Mama küsst dann diese Stelle, und es vergeht. Und Mama küsst laut am Telefon, gut so, tut es dir noch weh? Dan: Ein bisschen, und Mama küsst noch einmal, bis Dan alle seine eingebildeten Wehwehchen vergehen. Ich wusste, dass Dan nichts hatte, aber er lässt sich verwöhnen, Mama hätte ihn noch öfter geküsst, aber auch Marcel wartete.

Ich weiß nicht, was Marcel mit Mama spricht, das heißt, was Mama zu ihm sagt. Wir hören nur, wie sie beginnt: Wie geht es Mamas Kindchen … Zu mir sagt sie nie Kindchen, Dan schmeichelt sie mit »Mamas Junge« oder »Mann im Haus«, und Dan erhebt sich schier auf die Zehenspitzen, damit er größer ist als ich, wenn sie ihn so nennt. Drei Tage lang stolziert er dann durch den Hof …

Marcel, der alle Wörter kennt und ohne Unterbrechung redet, sodass man ihm das Wort abschneiden muss, sei still, du Plappermühle, sagt am Telefon nur Mama, Mama, Mama. Sein gesamter Wortschatz reduziert sich auf dieses eine Wort, das er in allen Tonlagen von sich gibt, als würde er singen, und wir gehen weg, damit wir nicht weinen müssen.

Einmal war Mama nach Hause gekommen, und Vater rief an: Was denn, heult ihr vor Freude, dass eure Mutter nach Hause gekommen ist? Und dann in traurigerem Tonfall: Ich spüre, dass Vaters Kinder weinen. Vater hat uns nie Kindchen genannt, immer nur Kinder. Er nennt uns manchmal auch Zauberkinder, wie im Märchen, und zu mir sagt er mitunter Vaters Mädchen, die Fleißige und Schöne.

Schönheit bin ich wohl keine, aber Mama hat mir ein paar Fotos von mir gezeigt, als ich zwei Jahre alt war, und da war ich sehr schön, siehst du, wie schön du warst, wenn du groß bist, wirst du genauso schön sein, die Jungs werden sich nach dir verzehren. Jetzt wächst du noch, bist kantiger. Ich kann es kaum erwarten, ein großes Mädchen zu sein, rund und schön.

Ich fürchte, diesmal wird Vater ohne einen Zahn im Mund zurückkehren, wie Petricăs Vater. So kommen die wieder, die im Norden von Russland arbeiten. Nicht alle, nur die Geldgierigen. Sie fördern wertvolle Steine, die voller Strahlen sind, wovon ihnen die Zähne ausfallen. Denn wenn es nicht gefährlich wäre, würden sie dort keine Moldawier annehmen und auch noch gut bezahlen. Letztes Mal war Vater scheinbar etwas gealtert, und es fehlten ihm unten zwei Zähne. Er war nicht sonderlich schön, aber ich habe nichts gesagt, Marcel jedoch hat ihn gebeten, sich die Zähne richten zu lassen, denn so erschrecke er ihn und sei hässlich. Vater ist daraufhin traurig geworden und hat ihm versprochen, er werde sich bis zum nächsten Mal die Zähne machen lassen. Ich hatte ein solches Mitleid mit ihm. Für uns ist er dort, allein und weit weg, und er arbeitet schwer.

Wir haben Dans Geburtstag gefeiert. Sechs Jahre! Im nächsten Jahr wird er zur Schule gehen. Ich habe alle Cousins und Cousinen und dazu noch zwei Jungs, die Dan gerne mag, seine Freunde, eingeladen. Auch die Tochter der Lehrerin, Alina, habe ich eingeladen, die mag ich so gerne. Sie hat uns eine große Torte und einen Ball mitgebracht. Die Nichten haben Essen mitgebracht, denn Mama hatte sie darum gebeten. Ich hatte eine Torte aus dem Laden gekauft, ich wusste nicht, dass wir noch eine bekommen würden. Marcel suchte ein Spielzeug aus, das er dann nicht mehr Dan schenken wollte, er sagte, es gehöre ihm. Ich bat ihn inständig: Gib es Dan wenigstens heute Abend, von morgen an kannst du dann wieder damit spielen. Dan wird viele Spielsachen bekommen, und er wird auch dich damit spielen lassen. Und Marcel gab ihm das Geschenk. Alle Kinder haben Geschenke mitgebracht, nur waren das zumeist Handtücher und Gläschen, weniger Spielsachen. Denn die Eltern haben kein Geld, um es für Spielzeug auszugeben, also haben sie ihnen das mitgegeben, was sie im Haus hatten.

Die Torte aus dem Geschäft habe ich ganz auf den Tisch gestellt. Die von der Lehrerin habe ich nicht ganz angeboten, sondern nur ein Stück, ein paar Scheibchen, den Rest habe ich in den Kühlschrank gepackt, damit wir noch ein paar Tage davon essen können. Ich habe das weiße Tischtuch über den Tisch gebreitet, und ein Kind hat sein Kompottglas darauf umgekippt und es befleckt. Ich habe schöne Kerzen in die Torte gesteckt, und Dan hat sie ausgepustet. Der Patenonkel hat Fotos gemacht, um sie Mama durchs Internet zu schicken. Wir haben noch kein Internet, die Leute im Dorf lassen es sich eben legen, wir haben nicht einmal einen Computer. Mama sagte, sie werde uns einen Computer kaufen, und wir würden lernen, wie man Briefe durchs Internet verschickt, und dann würden wir auch mit den Eltern sprechen und sie dabei sehen können. Mama wird uns zeigen, was sie uns für Geschenke gekauft hat, und wir werden vor dem Bildschirm sitzen, sodass sie uns sehen kann. Also wird sie nicht mehr so viel Sehnsucht nach uns haben, und auch wir werden uns nicht mehr so stark nach ihr sehnen, wenn wir uns regelmäßig auf dem Bildschirm sehen.

Wenn Mama uns Klamotten bringt, ziehen wir sie an und gehen hinaus auf die Straße, wir laufen durchs Viertel, gehen bis zum Geschäft und dann zum Brunnen am Ende der Straße, wo uns die eine oder andere Frau fragt: Hat eure Mutter euch Kleider aus Italien mitgebracht? Dann sagt sie noch: Oje, wie schön ihr seid, dass euch das mal kein Unglück bringt.

Mama fragt, wenn sie kommt, was wünschen sich denn Mamas Kinderchen zu essen? Wir nennen alle drei verschiedene Speisen, und sie bereitet uns alles zu, was jeder von uns genannt hat. Marcel wollte Ei. Ich sagte zu ihm: Dummkopf, Eier isst du auch, wenn Mama nicht zu Hause ist, die mache ich dir auch. Die von Mama sind besser. Ich war nicht beleidigt. Mama macht uns ganz viel zu essen, das sie dann in Tütchen gießt und ins Gefrierfach packt. Wenn sie weg ist, öffnen wir sie der Reihe nach.

Im Haus etwas aufwaschen, sommers mit der Hacke im Garten arbeiten. Wenn Mama zu Hause ist, arbeitet sie so viel, dass ich denke, sie erholt sich erst wieder in Italien, selbst wenn auch dort viel zu tun ist, wie sie sagt.

Diese Männer gehen weg, Geld verdienen, und lassen ihre Frauen allein zu Hause, mit der gesamten Wirtschaft im Nacken. Die Frau ackert, die Frau sät, die Frau erntet, die Frau mäht … Und wie soll eine Frau allein zurechtkommen? Sie sucht sich Hilfe. Und einige der Männer, die meisten von ihnen sind ebenfalls allein, wollen kein Geld, wenn sie ihnen helfen, sondern die Frauen. Angelica vom Ende der Straße, auch ihr Mann war weggegangen, ging mit einem, der ihr alles gemacht hat. Aber um Holz aus dem Wald herbeizuschaffen, braucht es zwei Männer, die es auf den Wagen laden. Nachdem sie die beiden nach Hause gebracht und anständig bewirtet hatte, wussten die nicht, wie sie nun teilen sollten. Sie stritten und schlugen sich, und es heißt, der eine sei in Folge eines heftigen Schlages gestorben. Nun reden die Leute im Dorf, dass der, weil er besoffen war, eher ohnmächtig denn tot gewesen sei, denn ein starker Mann stirbt nicht so ohne weiteres. Die beiden anderen aber sind erschrocken, was sollten sie mit dem Toten tun? Sie haben ihn in Stücke geschnitten, ihn in zwei Weitlinge gepackt und ins Plumpsklo hinten im Garten geschmissen.

Ihre Nachbarin, Tante Olga, hatte den starken Verdacht, dass Angelica ihr die Gänse stiehlt und sie mit den Männern aufisst, die zu ihr kamen. An jenem Abend hörte sie den Lärm bei ihrer Nachbarin und dachte sich: Die Hure hält wieder Bairam und schlemmt mit meinen Gänsen, die ich wie meine Augäpfel hüte. Dabei ziehe ich die auf, damit ich was habe, das ich meinen Kindern schicken kann! Als es ruhig war bei Angelica, ging Olga auf die Suche. Dort schienen alle zu schlafen, und sie konnte ungestört nachforschen. Sie ging hinein und sah das Blut auf dem Boden. Aha, diesmal habe ich sie erwischt!, rief sie triumphierend und folgte der Blutspur bis zum Klosett. Das Fleisch also essen sie, aber die Därme und das Gefieder werfen sie ins Klo! Als sie genauer hinschaute, sah sie durch das Loch statt der vermuteten Geflügeldärme Hände, Füße und den Kopf eines Menschen. Gespreizte Finger. Vor Schreck wäre sie beinahe auf der Stelle tot umgefallen! Auch heute noch fährt sie von Krankenhaus zu Krankenhaus und hofft auf Heilung.

Als die Polizei die beiden Turteltäubchen abholen kam, begrüßte die besoffene und fröhliche Angelica den Dorfpolizisten: »Küsschen, Gevatter!« Denn sie stand mit allen Männern des Dorfes auf gutem Fuß, und unser Polizist war ein recht gutaussehender Mann, der oftmals den Weg zu ihr hin eingeschlagen hatte. Dem aber gefielen diese Vertrautheitsgesten seitens einer Kriminellen vor den Augen seiner Chefs überhaupt nicht. Danach haben sie einen anderen Polizisten in unser Dorf gebracht.

Vor ein paar Jahren kamen Hilfsgüter in unserer Schule an, und in jedem Päckchen war je ein »Kinder«, also ein Ei aus Schokolade mit einem kleinen Spielzeug darin. Aber irgendjemand hat die Päckchen geöffnet und die besten Sachen daraus geklaut, in meinem Päckchen war beispielsweise kein Ei. Wir dachten, *Kinder* bedeute Ei. Dann hat uns ein ausländisches Kind gesagt, dass es Kind heiße, und hat uns das Kinderland-Spiel gelehrt, das heißt, die Kleinen spielen die Großen.

Je mehr Kinder sich daran beteiligen, umso interessanter ist es. Während der großen Pause in der Schule wählt sich jedes Kind seine Rolle aus. Die meisten von uns bleiben aber Schüler. Ein einziges Kind spielt die Rolle aller Lehrer, das heißt, es sind so wenige Lehrer in der Schule verblieben, dass die zwei, drei vorhandenen Lehrer uns in allen Fächern unterrichten. Wir bilden einen Halbkreis um die Tafel, auf die er schreibt, welches Fach gerade dran ist. Das Lehrer-Kind betritt gebeugt die Klasse, humpelt und raucht mit einem Buntstift. Es hustet wie ein chronisch Lungenkranker, ahmt unseren Lehrer nach und schreibt »Französisch-Stunde« an die Tafel, dann ruft er aus Leibeskräften »BONJOUR!« und schaut auf den Boden, auf unsere Füße. Wir können das Lachen kaum beherrschen, aber am Anfang, als unser Französischlehrer uns angebrüllt hat, sind wir erschrocken und zusammengezuckt. Zufrieden begann dieser, unter die Bänke zu schauen: »Hat niemand gewässert?« Damals verstanden wir nicht, was er meinte. Erst nach ein paar Unterrichtsstunden begriffen wir, dass er erwartete, wir würden bei seinem Gebrüll in die Hosen machen, und er schaute unter die Bänke, um zu sehen, wem es passiert war. »Hat keiner gewässert?«, fragte uns unser Mitschüler, schaute einen von uns lange an und sagte: »Du gestiefeltes Rindvieh! Raus an die Tafel!« Außer »bonjour« sagte unser Lehrer nichts mehr auf Französisch. Er ist eigentlich gar kein Französischlehrer ... Der an die Tafel Bestellte wischt »Französisch« aus und schreibt »Rumänisch« hin. Das Gesicht des Lehrer-Kindes verändert sich zu unserem großen Entzücken, es ist nur noch Milch und Honig und aus weichen, halb geschlossenen Augen schaut es nur noch die Mädchen an, denen die Brüste wachsen. In der Rumänisch-Stunde können die Substantive »Brust«, »Taille« und »Bluse« nicht dekliniert werden, ohne dass der Lehrer ausgiebig jede Form, Zahl sowie jeden einzelnen Fall konkret abtastet. »Und wenn du dumme Kuh es deinem Vater sagst, bleibst du sitzen und kommst aus der Schule nicht mehr raus! Bist in der siebten Klasse und kannst kaum schreiben, du Jahrmarktsschaf!« Zu meinem großen Glück hat er mich nicht abgetastet, weil mir die Brust noch nicht wächst und wir genügend Tittenmädels in der Klasse haben. Und im nächsten Jahr, so heißt es, wird ein neuer und junger Lehrer kommen. Erbarme dich unser, Herr, und schick uns einen neuen Lehrer, am liebsten eine Lehrerin, und erlöse uns von dieser Plage, die uns ohnehin nichts lehrt! Ein Mädchen kommt herein, das nun der Reihe nach die Rollen der anderen Lehrer spielen wird. Es folgt »Geografie«. Obama möchte das Weiße Haus renovieren lassen und fragt seine Berater, wo es die besten Baumeister auf der Welt gibt. »Das sind die Moldawier, Mister Obama. Die haben den Eiffelturm renoviert oder gar gebaut, den Flughafen von Dubai, die Petronas Towers in Kuala Lumpur, das Two International Finance Centre in Hongkong, das Empire State Building in New York, die Hagia Sophia in Istanbul, die Oper von Sydney in Australien …« »Oje«, sagt Obama höchst beeindruckt, »und wo kommen diese Moldawier her?« (Hier muss ein Kind, Berater von Obama, auf der Karte Moldawien zeigen.) »Ein so kleines Land für so große Baumeister?« »Nein, Mister Obama, Moldawien ist ihr Office, sie aber sind in der ganzen Welt.«

Die Geografie-Lehrerin hat uns als Hausaufgabe aufgegeben, die Karte unseres Dorfes zu zeichnen und darauf all die Länder zu notieren, in die Leute aus unserem Dorf gegangen sind. Jeder wenigstens über sein Viertel im Dorf, oder bloß die eigenen Eltern und Verwandten. Im Unterricht dann sagten wir ihr der Reihe nach, was wir wussten, und sie schrieb alle Länder auf die Tafel. Aus unserem Dorf ist bloß nach Afrika noch niemand gegangen. Bisher.

Dann spielen wir Polizist. Ein Junge mit Bäuchlein (er steckt sich eine Mütze oder Jacke ins Hemd, damit er dicker aussieht) spielt die Rolle des Polizisten. Zwei Leute auf einem Hof fangen einen Dieb, der gerade ihr Schwein gestohlen hat. Lass nur, wir sagen es dem Polizisten. Sie gehen und sagen alles der Polizei. Ja, das erledigen wir, wir schaffen Gerechtigkeit. Geht ihr nur nach Hause, antwortet man ihnen. Dann geht der Polizist zum Dieb nach Hause. Also du hast den Leuten das Schwein vom Hof stehlen wollen. Sieben Jahre Gefängnis … oder aber, ich könnte etwas Hilfe gebrauchen, ich baue mir eben ein Haus, und da brauche ich ein paar Leute für die Arbeit, ich hab da noch zwei solche wie dich, aber in einem Monat sollte alles fertig sein. Wäre doch schade, wenn du da sieben Jahre im Knast säßest wegen eines Schweins, das du nicht einmal zu stehlen verstehst. Und mit den Leuten regle ich das.

Und noch eine Szene mit dem Polizisten, die wir lieben: Ein Mann verkauft Weizen und Kleie zu einem günstigeren Preis als auf dem Markt, und es geht ihm gut. Bei ihm am Tor bildet sich eine Schlange, der Mann macht viel Geld. Da kommt der Polizist. Ich sehe, dir geht es gut, aber du könntest Schutz gebrauchen. Der Mann sagt, er sei nicht so reich, und was gibt es schon für Banditen bei uns im Dorf? Also er braucht niemanden. Und dann geht der Polizist zum Banditen, seinem Freund, und sagt zu dem: Geh doch mal nachts zu dem dort und vermenge ihm die Kleie ein bisschen mit Mehl, damit er weiß, ob er Schutz braucht oder nicht. Gesagt, getan. Und der Mann hat nichts mehr verkauft und sich auch nicht mehr bereichert, wenn er nicht bereit war, mit dem Polizisten zu teilen.

Ja, Kinderland ist unser beliebtestes Spiel. Wir spielen nach den Unterrichtsstunden, abends und in den Ferien. Das kleine Kinderland, das große Kinderland. Das zum Lachen und das zum Weinen. Wir spielen auch Verstecken, Fangen, Kaiser und Soldat, springen Seil und bauen Sandburgen.

Mit den Brüdern spielen wir Mutter, Vater und Töchterchen. Eine Art Kinderland in der Familie. Ich bin gewöhnlich die Mutter, Dan ist der Vater und Marcel das Töchterchen. Aber in letzter Zeit will Marcel nicht mehr das Töchterchen sein, er möchte Vater sein, aber Dan lässt ihn nicht, also ist Marcel die Mutter, und ich bin das Töchterchen. Ich weine sehr schön, wie ein Baby, und ich sage: Ich möchte Milch, will den Schnuller, und Marcel vergeht schier vor Entzücken. Ich habe ja schon mal gesagt, dass Marcel eigentlich ein Mädchen sein müsste! Ich habe ihm die Haare lang wachsen lassen, sie werden ganz kraus, zuerst drehen sie sich nach oben, wie bei einem Erpel, dann kringeln sie sich ganz ein. Mama sagt, wir hätten als Kleinkinder alle Kraushaar gehabt, dann habe sich das Haar geglättet.

Als Marcel die Haare geschnitten wurden, gab es ein richtiges Theater! Vater kam nach Hause und sagte: Marcel, du bist ein großer Junge, und draußen ist es warm, komm, wir schneiden dir diese Wuschelhaare ein bisschen ab, damit du wie ein Mann aussiehst.

Er war einverstanden, blieb ruhig auf dem Stuhl sitzen, und Vater hat ihm die Haare geschnitten. Aber als wir ihm den Spiegel gebracht haben und er sich betrachtete, begann er zu schreien:

Tut die Haare zurück! Ich will meine Haare wiederhaben!

Also lass ich ihn jetzt mit langen Haaren herumlaufen, wir werden dann schon sehen.

Irgendwo muss es ein Dorf geben, das allein uns gehört, mit seinen eigenen Gesetzen, mit seinem anderen, unzugänglichen und unbekannten Leben. Wo das Leben sachte und schön dahinfließt, freigebig, mitleidig, ohne Bosheiten, Sehnsucht und Warten. Ein Dorf der guten Kinder. Siehst du, ich habe gesagt »der guten Kinder«. Nicht bloß ein Dorf der Kinder, das es schon gibt. Jedes Dorf in Moldawien ist ein Dorf der Kinder, das ganze Land … vor allem wenn wir die Alten hinzuzählen, die wieder kindlich geworden sind. Die normalen Männer und Frauen, die gesund und arbeitsfähig sind und im Dorf leben, sind eine Seltenheit, eine Minderheit. Das Moldawien der Kinder. Klingt ganz schön. Wir errichten für unsere Kinder eine lichte Zukunft. Ja, nur dass wir diese in Spanien errichten, in Italien und Russland, denn in Tschechien haben wir schon alles errichtet, und da gibt es keinen Bedarf mehr an Bauarbeitern. In Spanien gibt es eigentlich eine Krise. Die Kinder, deren Eltern in Spanien sind, haben sich gefreut. Die Krise – das magische Wort, das die Rückkehr der Eltern nach Hause zu ihren Kindern bedeutet. Aber niemand ist zurückgekehrt.

Meine neue Freundin heißt Alisa. Ihre Mutter ist aus der Ukraine, und ihr Vater ist Moldawier. Ihre Eltern arbeiten in unterschiedlichen Ländern, sie hat zumeist bei ihren Großmüttern gelebt. Ihre Großmutter ist aus unserem Dorf, sie beschäftigt sich mit Zaubereien. Es heißt, Alisa klaue ihr die Zauberei. Anfangs wusste ich nicht einmal, wie sie heißt, alle nannten sie die Zauberin. Sie ist ein bisschen größer als ich, hat lange blonde Haare und helle Augen, sie sagt, jetzt seien sie grau, aber irgendwann würden sie blau, dann grün, und wenn sie eine Frau sei, würden sie noch einmal die Farbe verändern. Es sind ihre Übergangsaugen. Sie hat außer mir keine anderen Freunde mehr. Sie war schon mal in unserem Dorf, aber erst in diesem Sommer habe ich sie besser kennengelernt. Sie ist mit einem Eimerchen Sommeräpfel zu uns gekommen und hat mich ans Tor gerufen. Auch sie hatte ein Seil, und wir sind zusammen ein bisschen Seil gesprungen, haben auch ein wenig gespielt. Dann hat sie mir ein Geheimnis verraten. Dass sie nämlich Zauberin sei und es auch mir beibringen könne. Erst einmal muss ich lange schauen, wie sie, das kann ich noch nicht, ich habe noch viel zu lernen. Alisa hat mir gesagt, die Zauberinnen hätten Augen, die Angst machten. Komm näher und schau mich an. Ich bin nahe an sie herangetreten und habe ihr fix in die Augen geschaut, ihre Augen wurden größer und größer, dann haben sie zu glänzen begonnen. Ich bin erschrocken, habe geschrien und bin davongerannt, dann aber habe ich das überwunden. Alisa gefällt mir sehr.

Obwohl sie nicht lange in unserem Dorf gewohnt hat, denn jetzt lebt sie bei ihrer Mutter, kennt Alisa alle Kreuzungen, alle magischen oder beängstigenden Orte, alle ausgetrockneten Brunnen, das Loch, in dem das angekettete Flussweib auf seine Befreiung wartet, den Trampelpfad, der in die ehemalige Höhle eines Bären oder eines anderen großen Tieres führt, den Wendepunkt, an dem nachts ein Lied zu hören ist, alle alten Weiber in unserem Dorf, die zaubern können und Freundinnen oder Feindinnen ihrer Großmutter sind. Sie hat gesagt, unser Dorf sei mit sanftmütigen Wesen gesegnet, und diesen sei es zu verdanken, dass auch alle anderen geduldet werden. Und dass wir vorerst keine Drachen im Dorf hätten. Ich glaube nicht an solche Geschichten.

Ich dachte, Alisa spreche Ukrainisch, aber zu Hause bei ihrer Mutter sprechen sie ebenfalls unsere Sprache, sie kann nur wenig Ukrainisch, sie lernt es erst jetzt. Ihr macht es großes Vergnügen, die Sprachen der Leute zu verstehen, sie hat viele Broschüren, aus denen sie alle Sprachen der Welt lernt. Und im Herbst kriegt sie einen Privatlehrer in ihrem Dorf, aber sie fährt samstags auch in die Stadt, um fremde Sprachen zu lernen. Sie sagt mir viele Wörter in ihren Sprachen, die ich dann wieder vergesse.

Alisa weiß, wo in unserem Dorf das Wasser lebt und wo es tot ist. In jedem Dorf gibt es lebendiges Wasser und totes Wasser, sie hat dies nicht aus der Geschichte von Ion Creangă erfahren, sondern von ihrer Großmutter, die nun alt ist und nicht mehr auf der Suche nach Quellen durch die Wälder und über die Berge ziehen kann, sodass Alisa die Wälder und Berge durchstreift. Frühmorgens, wenn noch Tau liegt, sie muss nüchtern sein, gründlich gewaschen, badet ihre Großmutter sie in einem Kräutersud, segnet sie und schickt sie auf die Suche. Pass auf, dass dich nichts beißt und kein böser Geist dich überkommt und in Versuchung führt. Und Alisa war vor Gefahren beschützt und fand die heilsamen Wasser. Es hilft sogar gegen schlechten Schlaf, zur Wundheilung, ist gut für den Magen, gegen Geschwülste und anderes. Totes Wasser steht länger und stinkt nach faulen Eiern, lebendiges Wasser ist von heute auf morgen haltbar, aber seine Quelle darf man nicht anderen verraten, damit diese sie nicht verunreinigen. Ich kann dir nicht sagen, wo sie sich befindet. Du musst sie selber finden.

Sie hat mir Kräuter gebracht für ein Schlafkissen, für am Morgen zu trinkenden Tee und für Tee, den man abends trinkt, für die Hautabschürfungen meiner Brüder, gegen den bösen Blick, gegen Schmerzen und die Bosheiten ringsum, für die Besänftigung und Bezähmung der Viecher oder Menschen und für das Wohlergehen im Haus. Und zwei Steinchen für Mama und Vater, damit sie gesund bleiben, ihnen nichts geschieht und sie schneller nach Hause kommen.

Alisa hat mir gesagt, dass das Wissen besser ist, wenn man es mit anderen Menschen teilt. Auch ist sie abends zu uns gekommen, als die ermüdeten Brüder sich schlafen legten. Sie ging zu meinen Brüdern und rieb ihnen über die Ohren und Schultern, damit sie besser schlafen, sie sagte, ich solle sie abends auch so massieren. Sie hielten still wie Kater, rührten sich nicht einmal. Dann redeten wir noch, und ich habe allerlei Geheimnisse von ihrer Großmutter erfahren, die ihr erlaubt hatte, sie mir anzuvertrauen.

Sie sagte, solche wie wir, die wir das Wesen der Dinge verstehen, würden es schwer haben im Leben. Die Kunst zu heilen ist nicht allen zugänglich, und man muss damit einverstanden sein, das zu tun, was Schwierigkeiten bereitet. Es ist eine Sünde, den Menschen nicht zu helfen, zumal es manchmal ganz leicht ist, es braucht nur so wenig dazu, mitunter kann ein Händedruck etwas heilen. Und sie drückte mir auf verschiedene Weisen die Hand. Siehst du? Ja, es gibt auch böse Zauberer. Aber alle verfügen über gleich große Kräfte. Die überwiegende Mehrheit aber bilden diejenigen, denen alles egal ist und die kein Zauber berührt, umsonst werfen die ihren Schatten auf die Erde.

Sie sagte mir, man könne sein gesamtes Leben wie ein Fest durchleben, spüren, dass man schwebt oder vor Freude strahlt. Aber nicht jetzt, sondern erst nachdem man gute Taten angehäuft hat. Je mehr Gutes man tut, nicht bloß den Menschen, sondern allgemein den Lebewesen, umso größer wird die Seele, du kannst dich um ein Bäumchen kümmern, auch das ist eine gute Tat. Weißt du, dass es Menschen gibt, die schweben? Sie haben so viel Seele, dass sie von dieser angehoben werden über die Erde.

Alisa spricht viel, und ich höre ihr zu, ohne zu ermüden. Wir hecken allerlei Pläne aus, verfertigen allerhand Texte mit Zauberkraft, die man im alltäglichen Leben brauchen kann, sie lehrt mich eine ganze Menge Berührungen, die der Gesundheit förderlich sind oder zur Erfüllung der Wünsche. Wir essen von den Sommeräpfeln, die sie uns gebracht hat. Wir haben keine, wenige im Dorf haben solche Äpfel. Ihre Großmutter hat sie geschickt, uns auch welche zu bringen. Unsere Nachbarn haben ihre gepflückt, und nun ist kein Apfel mehr am Baum, aber die waren nicht so süß und saftig wie diese. Alisa wird bald abreisen. Mir ist, als hätten wir uns nicht so oft getroffen, und gleichzeitig kommt es mir so vor, als würde ich sie schon ein Leben lang kennen, und jede Begegnung steckt voller Geschichten, Begebenheiten, Ausflüge und Wunder, alles in ihrer Umgebung ist so intensiv, als wäre sie schon ein ganzes Jahr in unserem Dorf. Sie spielt auch mit ein paar Mädchen in ihrer Nachbarschaft, die ich auch kenne, aber abends spät kommt sie mit den Äpfeln nur zu mir. Und magische Spiele erfinden nur wir beide. Und wenn sie geht, bleibe ich noch eine Weile auf, um noch ein Ei am Wegkreuz auszuschütten oder ein Glas Wasser für die verlassene Fee, mich vor die Höhle zu stellen und den Bären zu erwarten … Ich möchte mich in ein natürliches Mädchen verwandeln, genauso werden wie sie. Möchte, dass sich auch die Farbe meiner Augen verändert und dass sie leuchten.

Alisa hat ihren Vater herbeigerufen, und er ist gekommen. Sie hat mit Blumen und Kräutern für ihn gesungen, hat Steinchen für ihn ausgelegt, Beschwörungsformeln gesprochen und ganz fest an ihn gedacht. Sie war schon groß und kannte ihn beinahe überhaupt nicht. Ihre Großmutter liebte sie, aber wenn sie zu ihr kam, also zu uns ins Dorf, war ihr Vater niemals zu Hause. Immerzu in der Fremde. Wenn sie ihn herbeigerufen hat, und er gekommen ist, kann auch ich meine Eltern rufen.

Der Ort der Unrast ist ein zur Hälfte geschlossener Raum, also mit Wänden, verborgen, verlassen und von allen vergessen, feucht, von Unkraut und Flechten überwuchert. Er heißt auch Ort der Ängste, und man kommt hierher, um kleinere Ängste, Schmerzen und Krankheiten sowie Enttäuschungen und Traurigkeit, vor allem Liebeskummer, zu überwinden.

Der Ort der Begegnungen ist am besten geeignet für Wünsche, die sich einem erfüllen sollen. Dieser Ort befindet sich an der Wegkreuzung, wo viele vorbeikommen, sich begegnen oder aneinander vorbeigehen, sie lassen hier nicht ihre Ängste zurück, sondern die Freuden. Die Menschen freuen sich, wenn sie sich begegnen. Nicht die Nachbarn, die miteinander im Streit liegen, sondern Menschen, die man lange nicht gesehen hat. Auch wenn sie sich nicht freuen, so grüßen sie sich doch, studieren sich, schauen sich an und beschnuppern sich wie die Tiere. Die Straße ist eine soziale Institution. Auch wenn sie sich nicht ertragen können, streiten sich Mann und Frau nicht auf der Straße vor allen anderen, sie ziehen sich gut an, essen, bevor sie aufbrechen, und sind gelassen. Die Botschaft, die sie anderen senden, spricht von Gesundheit und Wohlergehen, es geht mir alles in allem gut, ich sehe gut aus und fühle mich wohl. Die Wegkreuzung ist der Ort der guten Gedanken, und sie ist der richtige Ort, sei es nun zwölf Uhr mittags oder nachts. Aber es darf niemand in einer der vier Wegrichtungen zu sehen sein. Es darf niemand auf der Straße gehen, und es muss genau zwölf Uhr sein, dann drehst du dich im Mittelpunkt der Wegkreuzung mit ausgebreiteten Armen neunmal um die eigene Achse …

Und das Ei?

Das Ei bleibt in der Tasche.

Wenn du das Opferei zum ersten Mal berührst, legst du es dir mit geschlossenen Augen auf die Brust zwischen die Brüste, auf den Bauch und auf den Nabel, die Augen bleiben zu. Und verzauberst es. Wenn du bei Nacht an die Wegkreuzung gehst, muss zuvor, um zwölf Uhr mittags, das Ei in die Sonne schauen, aber nicht lange, damit es nicht verdirbt, wenn du bei Tag an die Wegkreuzung gehst, lässt du es nachts um zwölf den Mond betrachten. Das heißt, du lässt es über Nacht draußen, denn dann geschieht ihm nichts, nachts ist es kühl. Das Ei fasst man zum ersten Mal mit der linken Hand an, es ist wünschenswert, es frisch aus einem eigenen Nest zu nehmen, und nicht von jemand anderem, der es wer weiß mit welchen Gedanken angefasst hat. Danach spielt es keine Rolle mehr, mit welcher Hand du es anfasst, wichtig ist, dass du es an der Wegkreuzung ebenfalls mit der linken Hand zerschlägst, du schwenkst den Arm dreimal auf und ab, um in Schwung zu geraten, schau, so, und beim dritten Mal wirfst du es auf den Boden. Am besten, du sammelst danach die Eierschalen ein, damit sie niemand anderes nimmt und dir deinen Wunsch stiehlt. Was mag jemand denken, der mitten auf der Straße Eierschalen liegen sieht? Der wird sofort denken, dass da etwas nicht mit rechten Dingen zugeht. Die Schalen sammelt man ein und vergräbt sie, ebenso wie man das Unvermögen vergräbt, und das Selbstvertrauen bleibt mitten auf der Straße, wo viele vorbeikommen, sie gehen irgendwohin und gelangen an ihr Ziel. Ebenso wie die Leute an ihr Ziel gelangen, wird auch dein Wunsch gut ankommen und von niemandem aufgehalten werden. Die Schalen sind der feste Teil, der liegen bleibt, wenn der Vogel aus dem Ei schlüpft und davonfliegt. Das Küken, das aus der Hülle schlüpft, indem es die Schale aufbricht. So mag der Gedanke an die Rückkehr zu Mama fliegen und sie die Sehnsucht nach ihren Kindern packen. Und Mama wird nach Hause kommen, bevor das Küken aus dem Ei schlüpft.

Aber am allerschwersten ist es, seine Gedanken zu ordnen. Der Wunsch ist ein Gedanke. Du wirst es nicht glauben, aber auch die Krankheit ist ein Gedanke, sogar die Menschen insgesamt sind Gedanken. Gekleidet in Fleisch, Knochen und Tuch.

Der gute Gedanke und der böse Gedanke sind uns gleich nahe oder fern, sie umgeben uns gleichermaßen. Wenn sich die Menschen nur von den guten Gedanken erfassen ließen, würde die Welt anders aussehen. Viele jedoch können sich nicht vor dem bösen Gedanken schützen, andere suchen ihn sogar, benötigen ihn. Die Bosheit ist ebenso nahrhaft wie die Güte, Menschen, die im Bösen triumphieren, fühlen sich ebenso erfüllt wie die Guten.

Die Bosheit ist nicht immer das Gegenteil der Güte. Wir Kinder verstehen dies nicht. Das Nichts ist ihr Gegenteil, das Nichts bedeutet eine Art Höflichkeit, Nichterfüllung, Gleichgültigkeit. Die Bosheit ist lebendig und der Güte näher als die Gleichgültigkeit. Es ist wie mit der Liebe und dem Hass, die manchmal nur einen Schritt weit voneinander entfernt sind. Die Bosheit ist ein Gefühl mit verschiedenen Zuständen, etwa den Gewissensbissen oder der Reue. Gleichgültigkeit ist ein moralischer Zustand ohne Gefühle. Man kann sie nur schwer bekämpfen.

Der Gedanke muss erzogen und diszipliniert werden. Vor allem wenn du mit ihm an die Wegkreuzung gehst. Er hat eine lange Strecke zu überwinden, hat viel zu tun und manchmal auch viel zu kämpfen. Der Gedanke muss rein sein. Jede andere kleinere, verborgene oder vergessene Idee zieht ihn herab und hindert ihn, sein Ziel zu erreichen.

Mein Gedanke ist, dass Mama nach Hause zurückkehrt. Ein ganz kurzer Gedanke: Mama nach Hause!

Du gehst damit, mit diesem Gedanken, nachts an die Wegkreuzung. Italien ist nicht so weit entfernt, wenn man mit dem Flugzeug fliegt, aber der Gedanke ist nicht aus Stahl, er geht durch Tausende ähnliche Gedanken, denn alle Kinder träumen von der Heimkehr ihrer Mütter und bitten sie in Gedanken darum, und dann kommen die Gedanken durcheinander, die Mütter geraten durcheinander, und wer weiß, wessen Mutter dein Gedanke erreicht und welches glückliche Kind sich über die Ankunft seiner Mutter freut. Oder aber der Gedanke ist zu schwach und verkümmert unterwegs, oder er kommt völlig entkräftet an, Mama weint drei Minuten lang um ihre Kleinen zu Hause, wischt sich dann mit dem Ärmel oder einem Papiertaschentuch die Tränen aus den Augen und arbeitet in der Fremde weiter. Außerdem muss man den Gedanken nicht ans Herz schicken, sondern an den Kopf. Im Herzen führt er zu ein paar Tränen, und Schluss. Sie muss es mit dem Kopf spüren, muss rational denken, ob nicht etwa das, was sie dort gewinnt, weniger ist, als was sie verliert, ob sie nicht vielleicht bei ihrer Familie und ihren Kindern besser leben würde als allein unter Fremden.

Damit sich der Wunsch erfüllt, zerschlägst du das Ei und lässt das Eigelb mitten auf der Straße, aber das reicht noch nicht, den Gedanken und den Wunsch schickst du auf die Reise, das Ei verwandelt sich nicht in einen Vogel, um dir deinen Wunsch zu befördern. Du bietest diesem Ort etwas Wichtiges an, und er bietet dir etwas ebenso Wichtiges. Wenn du etwas bekommen willst, musst du auch etwas geben. Du wirst sehen, dass auch dann, wenn du etwas findest, du entweder davor etwas verloren hast, das du nun in gewisser Weise zurückerhältst, oder du wirst etwas ebenso Wertvolles danach verlieren. Du wünschst dir von der Wegkreuzung die Energie der Leute, die dort vorbeigezogen und dort angelangt sind, wo sie hinwollten. Das Ei besitzt das, was die Wegkreuzung nicht besitzt, aus dem Ei wird Leben geboren, das Ei hat alles und braucht nichts. Es ist der Kern aller Dinge. Du glaubst, dass die Wegkreuzung, symbolisch, dieses Element benötigt, und bietest es ihr an. Auch ich weiß nicht, ob die Wegkreuzung so etwas braucht. Vielleicht nicht. Aber du hast nichts Besseres anzubieten. Ich glaube, die Wegkreuzung hat geheimnisvolle Kräfte, auch ohne dass die Leute allzu oft dort vorbeigehen oder sich begegnen. Ich bin auf solchen Wegen durch die Wälder gegangen und habe mich aufgeladen mit Energie. Aber ich bin ein natürlicher Mensch, mir bieten selbst die Bäume ihre Kraft und ihre Wärme an. Du aber bist immer noch ein zivilisierter Mensch, du verstehst bloß ein paar Leute um dich herum und ein paar Zeichen der Tiere. Du weißt nicht, dass du bei den kleinen und geringen Wesen beginnen und zuerst die kleinen Tiere und die Pflanzen verstehen musst, wenn du einen Menschen besser verstehen und ertragen möchtest. Sie sind einfacher, klarer, besser. Und in ihnen ist so viel Sanftmut, dass sie dir das Herz für dein gesamtes Leben damit füllen können.

Die Menschen verlangen viel Sanftmut, Liebe und Opfer, ohne dafür etwas als Gegengabe anzubieten, als stünde ihnen all dies zu. Aber das ist nicht richtig, denn je mehr man will, umso mehr muss man anbieten. Menschen, die dies nicht verstehen, die auf all die Geschenke, die sie erhalten, nicht zu antworten wissen, die nicht lieben und nicht sanftmütig zu antworten verstehen, werden dümmer als die Tiere. Umsonst besetzen sie diese schöne Erde, das sagt auch Großmutter. Umsonst ergießen sich die Wohltaten des Bodens über sie. Sie schlafen bloß, essen und scheißen. Und bedecken alles mit Beton. Denen dürfte die Erde überhaupt nichts bieten. Sie missachten alle Wegkreuzungen und magischen Orte. Sie legen sich Glaubensgrundsätze zurecht, die ihnen mitunter hilfreich sind. Ihre Zivilisation ist verlogen, und ihre Natur ist unvorhersehbar. Man kann sie niemals gänzlich begreifen und beherrschen. Und wenn sie sich in die Brust werfen, sie hätten die Natur im Griff, zeigt diese ihnen, dass sie sich schrecklich getäuscht haben. Der Mensch will nicht nur erkennen, er möchte beherrschen. Und es gibt diese rebellischen Orte, unvermuteten Räume, wo die Macht raschelt, hin und her wogt, hervorzischt, kommuniziert, sich verschenkt, fordert, sich widersetzt, rächt, spielt, zur Größe inspiriert und zum Horror … Und dem Menschen wird klar, dass er kleiner und schwächer ist als eine Ameise …

Jenseits dieser Orte, von denen ich gesprochen habe, gibt es aber auch einen Ort, den man selber finden muss, die Seele muss deine Schritte dahin lenken. Manchmal findest du ihn, ohne es zu merken. Du spürst ganz unwillkürlich, dass es dir dort gutgeht und du dort verweilen oder dahin zurückkehren willst. Dies ist der Ort des Glücks. Dort fühlst du dich leicht, du vergisst alle Sorgen und alles sonst, die Erinnerung verlöscht, der Hunger und alle anderen Bedürfnisse verschwinden, nichts regt sich, die Zeit steht still, und du spürst ringsum einen vollkommenen Frieden. Und du gibst dich diesem Zustand hin, in dem deine Seele und dein Leib mit der sie umgebenden Natur ein Ganzes bilden. Ich kenne mehrere solche Orte, aber ich kann sie dir nicht nennen, sie gehören allein mir. In diesem Dorf gibt es viele davon, es ist ein großherziges Dorf, lebendig und freigebig.

Ich glaube, ich habe einen solchen Ort. Ich nenne ihn die Insel. Eine Stelle, an der ich mich ins Gras lege und den Himmel betrachte. Dort sehne ich mich nicht nach den Eltern, habe ich keinen Hunger und keine Angst, obwohl ich allein bin. Auch wenn ich aus diesem Ort hinaustrete, werde ich nicht hungrig, lange danach noch habe ich keine Sehnsucht und keinerlei Wünsche. Dort, an der Waldspitze, auf der verlassenen Lichtung bei unserem Weingarten befindet sich dieser Ort, und ich suche ihn jedes Jahr auf. Als ich ihn entdeckte, war ich noch klein, meine Eltern arbeiteten im Weingarten, und ich bin Nüsse suchen gegangen. Ich trat auf die Lichtung, und alles stand still, vielleicht bin ich in jenem Landschaftskreis verschwunden. Meine Eltern haben gemerkt, dass ich verschwunden war, und mich überall gesucht, sie waren erschrocken, wo war ihre Tochter hin verschwunden, und ich war nahebei, aber ich hörte nichts und betrachtete zwischen den Zweigen des Nussbaums hindurch die Wolken. Als hätte ich eine andere Welt betreten gehabt, als probte ich für den Himmel. Ich lag im Gras, und das Ungeziefer, die Schmetterlinge und Mücken saßen auf mir und kitzelten mich. Als ich aufstand und die Stelle verließ, war ich glücklich, als wäre dies der Tag meiner Geburt gewesen, ich hatte viele, viele Spielzeuge bekommen, Geschenke, Vater und Mutter hatten mich geküsst und umarmt, auch hatte ich Eskimo-Milcheis gegessen, das in Bălți hergestellt wird, all dies in wenigen Augenblicken, alle Genüsse gleichzeitig und an einem Ort. Als wäre ich aus einem äußerst beglückenden Traum erwacht. Dann war ich lange nicht dort, und als ich dahin zurückkehrte, fürchtete ich, das Wunder werde sich nicht wiederholen, der Zauber sei verflogen, dieser Ort sei wie jeder andere. Ich fand ihn stets ganz schnell, erkannte ihn am Gras, am Schatten des Baumes, und der Boden hob sich anscheinend leicht an, wie ein ganz flacher Hügel. Und jedes Mal lege ich mich ins Gras und warte darauf, dass nichts mehr geschieht, sage mir, das alles ist nichts als eine Selbsttäuschung, ich bin eingeschlafen und habe diesen Ort geträumt, solch eine Insel, aber ganz allmählich kommt alles wieder, die watteflockigen, sanften Wolken, das Ungeziefer, das mich angenehm und schüchtern kitzelt, das streichelnde Gras und das Gefühl, alle möglichen Freuden und Genüsse versammelten sich an einem Ort und überwältigten dich gleichzeitig, und du hältst es vor so viel Liebe, Genuss und Frieden nicht mehr aus. Dann zieht sich alles zurück, ganz langsam wird alles wieder normal, der Himmel wird Himmel, das Gras Gras. Und in der Brust hält sich noch lange diese volle, beinahe schwere Schönheit.

Ja, so ist es. Ich fühle das Gleiche. Ich habe gespürt, dass wir beide Seelenschwestern sein können. Vielleicht bist du die Fee des Ungeziefers oder der zahmen Wolken, ich wusste, dass du ein Blumenzeichen an dir trägst. Auch Großmutter hat es mir gesagt. Vielleicht wirst du auch andere Zeichen erhalten.

Jedes fließende Gewässer kann lebendiges Wasser sein. Aber bei uns im Dorf ist das lebendige und heilige Wasser jenes, in das die Ikonen aus der Kirche geworfen wurden. Unsere Kirche ist sehr alt, ihre Ikonen waren von weither gebracht worden, von russischen Klöstern. Alle Welt war zu uns gekommen, sie zu sehen und hier zu beten, aus allen umliegenden Dörfern. Dann kam die neue Führung, neue Leute, neue Gesetze, und sie haben die Kirche geschlossen. Einige Zeit später haben sie sich überlegt, warum sollte ein Lokal geschlossen sein, das dem Volk nützlich sein könnte? Da sind die Direktoren rein, haben die Ikonen von den Wänden gerissen und die Teppiche mitgenommen. Die Teppiche haben sie behalten, wenn sie auch die Ikonen oder das eine oder andere heilige Buch behalten hätten, wären sie aus ihren Dienststellen rausgeschmissen worden. Sie hätten es den Leuten im Dorf erlauben sollen, sie an sich zu nehmen und zu bewahren, aber sie wollten es nicht. Nachts sind sie heimlich in den Wald gegangen und haben sie weggeworfen. Auch heute noch suchen die Leute danach in den Bächen, die durch den Wald fließen.

Nur ein einziges Mal fand ein Mädchen, das später Alisas Großmutter werden sollte, in einem Bach ein Bruchstück, auf das eine Hand mit langgliedrigen Fingern gemalt war. Sie hat das Stück den alten Leuten im Dorf gezeigt, und sie bestätigten, dass es ein Fragment aus einer Ikone ihrer Dorfkirche war. Es hat die Leute sehr traurig gemacht. Sie suchten in den Bächen nach Ikonen, hatten nicht gewusst, dass diese mitleidlos zerhackt worden waren, bevor sie weggeworfen wurden. Wie sollte man nach so vielen Jahren noch Ikonenstücke finden? Schon damals hat Alisas Großmutter damit begonnen, die Krankheiten der Menschen und Tiere zu heilen, man sagt, jenes Bruchstück mit den langgliedrigen Fingern, das sie im Bach gefunden hatte, helfe ihr. Aber den Chefs, die seinerzeit die Ikonen vernichtet haben, ist nichts geschehen, es hat sie keine göttliche Verdammnis ereilt. Auch ihren Kindern geht es noch unglaublich gut. Bis auf weiteres.

Ich weiß nicht, ob es wahr ist, aber in den neunziger Jahren, als sich die Regimes und die Machtverhältnisse geändert hatten, sollen zwei Abgeordnete gekommen sein, um in unserer Schule für irgendeine Partei zu agitieren. Einer soll groß und schlank und der andere etwas gedrungener und dick gewesen sein. Es heißt, die neue Toilette sei errichtet gewesen und habe funktioniert, während die alte einer romantischen Ruine geglichen habe, tatsächlich aber sei sie eine gefährliche Kloake gewesen, in der man ertrinken konnte. Dort sind die beiden Abgeordneten hineingefallen, und als der Lange »Hilfe! Hilfe!« geschrien und versucht hat, aus der Kloake herauszukommen, schrie der Gedrungene ihn an: »Mach keine Wellen, mach keine Wellen!«

Jetzt dient diese Toilette nur noch den echten Freunden zum Kuss auf den Hintern. Wenn sich zwei Kinder ihrer Freundschaft versichern, gehen sie zur aufgegebenen Toilette und küssen sich auf den Hintern. Ich weiß nicht, wo dieser Brauch herkommt … Ich glaube nicht, dass unsere Mütter und Väter es auch schon so gemacht haben.

Als ich in die Schule kam, in die erste Klasse, hatten wir nur diese Toilette, und ich habe sie erlebt, als sie schon nach einem Raum in einem Horrorfilm aussah. Überall gab es Löcher. Das Dach war eingestürzt, denn es war schlampig gebaut worden. Bei Regen tropfte es in der ganzen Toilette. In den Wänden waren große Löcher, denn die Leute aus der Nachbarschaft gingen hin, wenn sie Steine brauchten, und lösten ganze Stücke aus den Wänden, dabei achteten sie immerhin darauf, die Steine so herauszubrechen, dass sie nicht ganz einstürzte. Schließlich ist es die Schultoilette, die Toilette unserer Kinder, sagten sie sich. Wenn man eintrat, sah man, dass ein paar besonders mürbe Bodenbretter in das stinkende, beinahe volle Loch gefallen waren. Unsere Kleider stanken den ganzen Tag, wenn wir mal da drin waren. Die kleinen Kinder aus den ersten Klassen fingen an zu weinen und kehrten um, manch ein Kind ging nur ein einziges Mal hin, dann reichte es ihm. Die meisten pinkelten dort aus Angst. Die Wand, die den Mädchenbereich von dem der Jungen trennte, war ebenfalls voller Löcher, und die Jungs lauerten dort den Mädchen auf und verrieten anschließend allen, was für Unterhosen dieses oder jenes Mädchen anhatte, welche Farbe und Form sie hatten. Die Jungs rauchten dort ohne Angst. Die Lehrer gingen nie rein, auch heute kann ich mir noch keinen Lehrer pinkelnd vorstellen. Man hatte den Eindruck, sämtliche Miasmen und bösen Geister hätten sich versammelt, alle Hexen träfen sich dort und lauerten einem in einem Winkel auf. Wenn man einen Feind hatte, träumte man aus ganzem Herzen, er möge hineinfallen. Aber mir ist nicht bekannt, dass außer der Tochter der Direktorin noch jemand hineingefallen wäre. Sie war ein wunderschönes Mädchen mit langen goldglänzenden Haaren, und als sie in die Toilette gefallen ist, hielten sie die größeren Jungs an den Haaren fest, damit sie nicht in dem Dreck ertrank. Damals war das Mädchen noch klein, jetzt hat sie die Schule längst beendet und ist auf der Fakultät. Wie hat die gestunken, und wie haben da alle Kinder gelacht! Erst danach hat die Direktorin den Bau einer neuen und zivilisierten Toilette angeordnet. Und während wir in die neue Toilette gingen, blieb die alte so wie sie war, es vergingen etwa zwei Jahre, bis der Morast getrocknet und sich der Boden verfestigt hatte, worauf er von Unkraut überwuchert wurde. Als es dort trocken war, stank es auch nicht mehr so, die Leute stahlen weiterhin Steine, aber ein bisschen was blieb doch noch übrig, das an den alten Bau erinnerte. Da waren sogar noch ein halbes Dach und ein paar Reste von der Wand. Heute wissen die Kinder vielleicht gar nicht, dass dies mal die Schultoilette war. Jetzt gehen wir selten dorthin, vielleicht fünf, sechs in Erinnerungen schwelgende Mitschülerinnen, bedauernd, dass die Zeit so schnell vergeht und selbst die Schule altert. Niemand erinnert sich mehr an die Geschichten und Geschehnisse an diesem Ort, den jetzt Bäume umgeben und hohes Gras. Niemand weiß mit Sicherheit zu sagen, ob der Morast ganz getrocknet ist und ob nicht, falls man dort hineinfiele, einen wer weiß welch eine ekelerregende Hexe der Toiletten nach unten zieht. Wenn man bedenkt, dass auch unsere Mütter die gleiche Toilette hatten, nur dass sie zu ihrer Zeit neu war, sauber und ohne irgendein Loch in den Wänden … Ich rechne noch immer damit, dort einem bösen Geist zu begegnen oder einer Hexe. Und nicht bloß ich. Alle Kinder rechnen damit. Wir glauben, an diesem Ort, der uns immer schon eine unerklärliche Angst eingeflößt hat, treibe jemand sein Unwesen.

Ich war eines Sommers dort, als wir uns echte, lebenslängliche Freundschaft geschworen haben. In Sterbensangst haben wir uns zum Zeichen absoluter Treue auf den Hintern geküsst. Gewöhnlich küssen sich Mädchen und Jungen. Ich habe noch nie gehört, dass sich zwei Mädchen so geküsst hätten, ich glaube es eigentlich nicht. Ich habe Fedoraş auf eine Arschbacke geküsst und er mich. Wir waren braungebrannt, aber unsere Hintern waren weiß wie die der Säuglinge. Fedoraş hörte an dem Ton, in dem ich sagte: Du hast einen so weißen Hintern!, dass er mich enttäuscht hatte. Ich hatte nicht gemerkt, dass er so klein war. Er antwortete: Wenn ich größer werde, wird er dunkler. Als wäre er nicht Manns genug mit derart weißen Arschbacken. Meine waren genauso weiß, aber er sagte nichts. Wir fürchteten uns nicht nur vor Geistern und Gespenstern, der Dunkelheit oder dem Wind, der zwischen den Wänden hindurchfuhr, sondern auch vor Kindern, die uns dabei hätten überraschen können, wie wir die Hosen abstreiften. Wir schauten uns von allerlei Geraschel verschreckt ringsum, küssten uns schnell, und es erwischte uns niemand. Nach diesem Ritual ist uns die Angst vergangen. Das ist lange her, als Mama und Vater noch zu Hause waren und ich Fedoraş' Liebste war.

Später dann, als Alisa, die Zauberin, in unser Dorf kam, habe ich den Ort wiederentdeckt. Ohne sie hätte ich keinen Fuß mehr dorthin gesetzt. Sie hat uns hier Beschwörungsformeln beigebracht. Sie sagte, man könne Zauber- und Beschwörungsformeln nur an magischen Orten wie diesem und zu magischen Zeiten, etwa um Mitternacht, lernen. Wenn Mama zu Hause gewesen wäre, hätte sie mich nicht mitten in der Nacht allein aus dem Haus gehen lassen. So habe auch ich ein paar Beschwörungsformeln gelernt, aber ich habe sie bis jetzt noch nicht angewandt. Diese Worte haben ein Gewicht, und man darf sie nur aussprechen, wenn es wirklich nötig ist. Wenn man sie so schlicht und einfach ausspricht wie ein Gedicht, weil einem danach ist oder einen jemand darum bittet, der wissen will, wie eine solche Beschwörungsformel klingt, verlieren die Worte ihre Kraft. Wir kreisten um die Toilette, um Energie zu sammeln. Alisa sagt, dieser Ort ist keine Toilette mehr, es ist ein Ort der Unrast. Ich verstehe nicht, warum, aber sie erklärt uns: Hier haben sich tiefe Gefühle und Gedanken angelagert, Ängste und verborgene, verbotene Wünsche.

Die Menschen haben hier ihre Ausscheidungen zurückgelassen, das heißt das, was das Schlechteste an ihnen war, also ist dies ein Ort der Schlechtigkeiten.

Das stimmt nicht, hat sie zu mir gesagt. Hier haben sich die Kinder versammelt, Hunderte Kinder, Tausende Male, und die Kinderscheiße ist manchmal geradezu ein Heilmittel für die Großen und die Alten. Außerdem interessiert uns das nicht. Hier hatten die Kinder Angst, sie kamen hierher, um der Angst zu begegnen, und wenn man sich fürchtet, verliert man Energie. Die Kinder produzieren ganz schnell andere Energie, aber die verlorene hat sich hier angesammelt und ist hiergeblieben, an diesem Ort. Spürst du sie denn nicht, wenn du hereinkommst? Am Tag spürst du sie nicht, da ist die Sonne zu stark, und die Angst fürchtet sich vor dem Licht, darum spürt man die Energie der Ängste in der Nacht. Sie kann auch böse sein, das hängt von dir ab.

Niemand lernt allein aus den Schulbüchern. Man lernt auch von den Vögeln, den Tieren, vom Boden und vom eigenen Leib. Derjenige ist stark, der sich selbst lehrt. Die Augen können auch nach innen schauen, nicht nur nach außen.

Jeder Mensch trägt ein Kügelchen, ein Bällchen in der Brust. Bei den einen ist es trübe und schwer, bei anderen leicht und transparent. Bei glücklichen Menschen glänzt dieses Kügelchen. Als wäre es poliert. Die Kugel repräsentiert die Harmonie der Dinge, den Frieden und die Einigkeit mit dir selbst und deiner Umgebung. Am stärksten glänzt sie bei kleinen unschuldigen Kindern und bei weisen Alten. Bei bösen Menschen ist die Kugel dunkel, dann wird sie immer kleiner, bis sie sich gänzlich auflöst und verschwindet. Diese werden entweder wie Roboter oder wie Bestien, ohne Urteilsvermögen und ohne Seele. Damit die Kleinen ihre Kugel nicht verlieren, müssen sie geliebt und liebevoll an die Brust gedrückt werden, bei den Großen ändert sich diese Regel. Wenn du groß bist und dich jemand an die Brust drückt, ist das nicht schlecht, aber es reicht nicht aus. Du musst auch Liebe geben, nicht nur empfangen.

Unsere Zauberin sagt auch, dass es den Teufel nicht gibt. Er ist eine Erfindung. Wir meinen, die Toilette ist ein teuflischer Ort. Sie hat gesagt, das ist er nicht, solche Orte gibt es nicht, manche Leute können zwar teuflisch sein, Orte aber nicht. Es gibt geheime Orte, auserwählte, energetische, magische. Sie glaubt, es gibt nur eine Art Energie, und es hängt davon ab, was jeder damit tut. Es gibt starke und schwache Elemente, also starke oder schwache Menschen. Und an solchen Orten können sie etwas schaffen oder etwas zerstören. Sie können sich erheben oder fallen. Kraft braucht man zum Aufstieg ebenso wie zum Abstieg. Wenn du zu viele Treppen hinaufsteigst, tun dir die Füße ebenso weh wie wenn du sie hinabsteigst. Stark ist nicht derjenige, der alles schon fertig empfängt, Geld, Vermögen, Macht, denn niemand bietet dir so etwas ein ganzes Leben lang an, du kannst einmal oder auch mehrmals etwas bekommen. Stark ist, wer es versteht, Energie zu bekommen, Kraft aus seinem eigenen Herzen, derjenige, der sich selbst versorgt, indem er sich sein eigenes Wasserkraftwerk baut. Der aus seinem Inneren sich sein Licht produziert. Dies sind sehr wenige Menschen. Eigentlich besitzen alle Menschen ihr eigenes Wasserkraftwerk, aber sie ziehen es vor, sich mit dem Licht vom Staat zu versorgen. Sie merken nicht, was für eine Lichtquelle ihr eigenes Wesen darstellt, wie viel Reichtum in ihnen steckt. Die Menschen sind mobile Schätze, nicht umsonst unterwerfen sich ihnen die anderen Lebewesen und huldigen ihnen. Der Mensch hat etwas Inhumanes. Er ist ein Zauberer.

So wie du?

Nein, mit sehr viel mehr Zauberkraft. Aber er weiß es nicht, er ist unschuldig, seine Augen und sein Herz sind verschleiert. Und so gelangt er bis zum Tod, ohne seine Kugel leuchten zu sehen. Er versteht es nicht einmal mehr, die Sonne zu betrachten. Er sieht nicht, wie viel Schönheit es in ihm und um ihn herum gibt.

Unser Licht kann auch an der Sonne entzündet werden, der höchsten Energie. Es gäbe weder Krankheiten noch Traurigkeit, wenn wir von der Sonne alles nähmen, was sie uns schenkt. Bis auf weiteres ist die Sonne wie ein kostenloses Medikament ohne Verfallsdatum, du musst lediglich wissen, wie viel und wie du dieses einzunehmen hast.

Alisa spricht leise, immer leiser, bis ihre Stimme sich in ein Flüstern verwandelt. Nachts in der leeren und verfallenen Toilette haben wir den Eindruck, wir können mit dem Licht unserer Körper durch das Dunkel schauen. Schließlich gehen wir auseinander und zurück in unsere Häuser. Und wir fürchten uns nicht.

Ich spüre mein Kügelchen, wie es beim Gehen schaukelt und mir die Brust wärmt.

Wir waren oft an jenen Orten, manchmal waren wir zu mehreren und lärmten beim Spielen. Wir hüpften über das Feuer, wetteiferten miteinander, wer am schnellsten auf den höchsten Baum klettert, oder spielten Verstecken. Wir fürchteten uns vor nichts, bis uns das Auto der Jäger erschreckt hat, und danach hatten wir den Geschmack an den lärmenden Spielen im Wald verloren. Die Jäger haben gesagt, wir vertrieben selbst die Kröten, wenn wir wie die Besessenen herumschreien. Mädchen und Jungs waren dort, alle aus den höheren Klassen. Die Jäger haben ein Mädchen gefangen und es gefragt, ob es nicht das Wildschwein gesehen habe. Als es vom Wildschwein hörte, schwieg das Mädchen, denn bis dahin hatte es geschrien, als wäre es schon zur Hälfte ein Schaschlik, obwohl die Jäger ja keine jungen Mädchen im Wald fangen, um sie auf kleinem Feuer zu braten. Ich glaube, bis dahin hatte noch niemand von uns etwas von einem Wildschwein gehört. Uns alle hatte ein Schauder gepackt, ein riesiges, aggressives und gefährliches Wildschwein spaziert durch unseren Wald.

Wer uns hilft, es zu fangen, bekommt ein Geschenk. Was möchtest du? Ein Mobiltelefon, damit du mit deiner Mutter sprechen kannst?

Bei uns im Dorf haben schon viele Leute Mobiltelefone, und das Internet wurde mit Kabeln verlegt. In der Schule, im Rathaus und bei der medizinischen Versorgungsstelle gibt es Internet. Wenn es genug Schüler in der Schule gibt, mindestens siebzehn Schüler pro Klasse, und unsere Schule nicht geschlossen wird, gewinnen wir einen *Grant* und werden in jeder Klasse Computer haben. Aber ich glaube, wenn dies geschieht, werde ich die Schule abgeschlossen haben. Vielleicht werden wenigstens Dan und Marcel noch jene Zeiten erleben.

Von den dort anwesenden Kindern hatte keines ein Mobiltelefon, und alle träumten wir davon. Als die Jäger gegangen waren, haben wir das Mädchen umringt und es nach weiteren Details gefragt. Ein Junge aus unserem Dorf hat sich an diese Geschichte erinnert. Er ist der Sohn eines Waldhüters und hatte von seinem Vater gehört, dass man ein Wildschwein nach Bălți gebracht hatte, das sich als sehr zahm erwiesen hatte, man sagt, es fräße einem aus der Hand. Ich glaube nicht, dass dies wahr ist, ein Fohlen frisst einem aus der Hand, nicht aber das Schwein. Versuch doch mal, unser zahmes Schwein aus der Hand zu füttern, und du wirst sehen, dass es keinen Unterschied zwischen deiner Hand und dem Apfel in deiner

Hand macht. Geschweige denn ein Wildschwein, das man zum Gejagtwerden hierhergebracht hat! Vielleicht aber war es viel zu zahm, als dass es die verrohten Jäger hätte befriedigen können. Also hatten sie beschlossen, es in einem Wäldchen auszusetzen, damit es ein bisschen verwildere, sich nach dem langen und ermüdenden Weg auf dem Lastkraftwagen von Polen bis hierher ein wenig an den Wald gewöhne. Um es dann tatsächlich zu jagen. Das Wildschwein war für ein paar wichtige Chefs hierhergebracht worden, und da musste auch ein Spektakel nach allen Regeln der Kunst her. Sie haben das Wildschwein ausgesetzt, und weg war es. Als sie es jagen wollten, war nichts mehr zum Jagen da. Und seitdem suchen sie es in allen Wäldern.

Moldawien hat nicht viele Wildschweine in seinen Wäldern, besser gesagt, da gibt es überhaupt keine Wildschweine, wenn also jemand eines sieht, ist es das davongelaufene. Immerzu suchen einige Mannschaften nach ihm. Moldawien hat auch nicht mehr so arg viele Wälder. Da, wo wir jetzt meistens spielen, wo wir uns mit großer Geschwindigkeit in die Schlucht hinabrollen lassen, war früher Wald. Jetzt aber gibt es da nur noch Gras und Blumen. Die Häuser waren an den Waldrand gebaut worden, und der Wald reichte bis ins Dorf hinein. Jetzt entfernt sich der Wald immer mehr und wird dabei kleiner und kleiner. Die Jäger hatten Hinweise darauf erhalten, dass das Wildschwein in unserem Wald angekommen sei, und die Waldhüter waren angewiesen worden, so bald wie möglich die Stelle zu finden, an der sich das Tier versteckt hat. Das Mädchen, das mit jenen Männern gesprochen hat, glaubt, dass sie gar keine echten Jäger sind, sondern Banditen. Ganz

Moldawien weiß von diesem Wildschwein, und alle suchen es. Das kostet ein Vermögen.

Geht nicht allein durch den Wald, und klettert ganz schnell auf einen Baum, wenn ihr das Wildschwein seht, raten uns die Erwachsenen. Es muss sehr hungrig sein, also frisst es bestimmt auch Kinder. Nach diesem Erlebnis wünschte ich mir sehr, dem Wildschwein zu begegnen. Ich träumte davon, dass ich es vor den Jägern rettete und ihm in der flachen Hand Eicheln zu fressen gab. Ich spielte mit den Kindern auf dem Brachland am Rande des Waldes und ging allein in den Wald, um zu sehen, ob ich mich fürchtete oder nicht, ich ging tief in den Wald hinein und kehrte dann auf das Brachland zurück. Manchmal merkten die Kinder gar nicht, dass ich weg war, manchmal gingen sie zum Essen nach Hause, und ich fand niemanden mehr dort vor.

Dann kam Alisa und gab mir ihre Lektionen in Natürlichkeit. So nannte sie das, wir sind die Kinder der Natur, unsere Eltern haben uns geboren und verlassen. Wir lernen von allein, zu leben und uns um unsere Dinge zu kümmern. Die Liebe, die wir brauchen, holen wir uns von denen, die gerade da sind und sie uns geben. Und die Natur gibt uns alles, wir müssen bloß lernen, es anzunehmen. Sie bietet uns mehr als unsere Eltern.

Am Nachmittag suchten wir das tote Wasser. Etwa drei Bäche rannen durch den Wald, und irgendwo daneben musste ein versteckter Tümpel voller Pflanzen und Blüten sein. Ein Ort, vor dem einem eine innere Stimme zuflüstert: Hier ist das tote

Wasser. Man musste eine Blase oder eine Hautabschürfung haben, die man mit dem verzauberten Wasser beträufelte, woraufhin einem die Blase und der Schmerz sofort vergingen, als hätte man nur geglaubt, dass einem etwas wehgetan hatte. Alle Anzeichen von Schmerz mussten auf rätselhafte Weise verschwinden. Ich habe zwar ein paar versumpfte Pfützen mit abgestandenem Wasser gefunden, aber die Blasen und Abschürfungen verschwanden bei der Berührung mit diesem Wasser nicht.

Diesmal hatte mich eine Biene gestochen, und der Schmerz hatte so blitzartig eingesetzt, dass mir Tränen in die Augen traten. Als ich eine sehr reife Aprikose pflücken wollte, war diese voller Wespen oder Bienen, die ein Loch in die Aprikose gemacht hatten und das überaus süße Fruchtfleisch aufsaugten. Ich griff nach der Frucht, ohne sie zu sehen, und spürte plötzlich einen derart stechenden Schmerz, dass ich zuerst nicht einmal merkte, was mir wehtat. Als hätten Hunderte Bienen meinen ganzen Leib zerstochen, bis ins Herz hinein und in lebendiges Fleisch. Ich habe bloß geschrien, dann habe ich auf dem Finger einen roten Punkt gesehen, aber der Finger war nicht angeschwollen. Ich habe den Finger ins Wasser gesteckt und bin aufgebrochen in den Wald, Heilung zu suchen. Bei all dem Schmerz habe ich nicht vergessen, auch ein Fläschchen mitzunehmen. Mit diesen Gedanken habe ich es dem Weinen nicht erlaubt, mich zu überkommen. Ich konnte die Tränen kaum zurückhalten, wollte unterwegs nicht vor Schmerz weinen. Wenn mich jemand gesehen hätte unterwegs, hätte er mich nicht allein und von einer Biene gestochen in den Wald gehen lassen. Aber ohne deinen Schmerz denkst du nicht an das tote Wasser. Ich kenne einen Weg in den Wald, der direkt durch die Weingärten führt, und bin ganz schnell dort angekommen. Ich sah die Pappel, um die ringsherum Blumen wuchsen. Sonst gab es kaum Blumen im Wald. Weder Bärlauch noch Zahnwurz oder Veilchen. Es war schon beinahe mitten im Sommer, die Hitze hatte eingesetzt, und um die Pappel – kleine Blümchen. Ich hörte, wie das Wasser nicht sehr weit weg plätscherte, also eine Quelle, ich trat in den Staub und umrundete die Pappel, denn hier, sagte mir mein Herz, würde ich etwas finden.

Die Stelle kam mir sehr bekannt vor. Ich war vor gar nicht so langer Zeit schon mal hier. Ich setzte mich neben die Quelle. Hier habe ich mit Lucian gesessen, ganz nah beieinander! An dieser Quelle. Ich schaute mich um und habe eine Art Höhle gesehen oder ein Baumloch voll Wasser im Stamm eines ehemals großen Baumes. Große und kleine Blätter in allen Farben schwammen darauf, als versuchten sie, das Wasser zu verbergen. Ich streckte den Finger hinein, und mit einem Mal waren alle meine Schmerzen weg, die Rötung ebenso wie die Stelle, an der mich die Biene gestochen hatte. Ich hatte es gefunden! Wenn man einmal das Wasser nimmt, darf man ein zweites Mal erst nach einem Jahr wiederkommen, nicht früher. Auch darf man nur ganz wenig davon mitnehmen, man muss auch für andere etwas davon übrig lassen, auch damit die Stelle nicht austrocknet und seine Heilkraft verliert. Oder sich das Wasser ärgert und dich nicht mehr heilt. Ich habe ein halbes Fläschchen voll mitgenommen für meine immerzu aufgeschrammten und zerkratzten Brüder sowie für Alisa und ihre Großmutter, habe die Blätter wieder draufgelegt und mich bei dem Wasser freundlich für die Heilung bedankt. Vor Freude hatte ich das Wildschwein ganz vergessen. Ich hatte mein erstes Zauberwasser gefunden. Lebendiges Wasser lässt sich sehr viel leichter finden, eigentlich ist alles fließende Wasser lebendig, mit Beschwörungsformeln und innerer Reinheit kann man ihm eine heilsame Wirkung verleihen, aber das tote Wasser ist sehr schwer zu finden. Das lebendige Wasser trinkt man, das tote tut man auf Wunden. Ich hatte von Alisa allerlei Rezepte mitgeteilt bekommen. Ich stellte mir ihre Freude vor und wie sie mein Wasser mit seinen rätselhaften Eigenschaften studieren wird.

Ich ging schnell, und als ich das Tier mitten auf dem Weg sah, dachte ich zuerst, es sei ein Mensch, der sich gebückt hat. Vielleicht ist ihm übel, und er braucht Hilfe, und ich habe soeben das heilsame Wasser entdeckt. Als es sich zu mir umdrehte und stehen blieb, erstarrte auch ich. Ich konnte mich nicht mehr rühren. Das Wildschwein stand etwa hundert Schritte vor mir. Es war so schön, so groß, so schwarz, dass ich mich nicht allzu sehr vor ihm fürchtete. Aber in mir bewegten sich nur noch die Gedanken. Ich spürte, dass auch das Wildschwein nicht wusste, was es zu tun hatte. Jedenfalls waren wir uns zu nahe, als dass ich noch auf einen Baum hätte klettern können, ohnehin sah ich keinen Baum ringsum, ich dachte auch eher theoretisch daran, für den Fall des Falles. Beide standen wir reglos da, ich das Fläschchen mit dem toten Wasser in der Hand, das Tier abwartend und nachdenklich. Ich erwartete mehr Initiative seinerseits. Dann hatte ich den Eindruck, es komme auf mich zu. Wildschwein, sagte ich in Gedanken zu ihm, wenn du mich frisst, wer soll sich dann um meine Brüder kümmern? Sie haben nur mich! Und schließlich bin ich wahrscheinlich kein wirklicher Leckerbissen. Ein knochiges Kind. Ich begann leise zu heulen, damit das Wildschwein glaubt, ich sei ein ungenießbarer junger Wolf. Ihm gefiel mein Heulen, würdig stand es da und hörte zu, während es mir so vorkam, als stände ich vor einem phantastischen, einem irrealen Wildschwein, als wäre alles verzaubert, und ich erlebte das nicht wirklich. Dann sagte ich, wiederum in Gedanken, zu ihm, ich bin kein Jäger, ich habe kein Gewehr und will dir nichts Böses tun. Dann sang ich aaarmes Turteltäubchen, kann nicht fliiiegen, nuuur im Träumchen ... Und dann schwieg ich, denn ich wusste nicht, wie es weitergeht. Wie habe ich bedauert, dass ich überhaupt kein Lied konnte, nicht ein einziges! Mama kennt so viele schöne Lieder, und sie hat mich mal gefragt: Was singt ihr denn? Wir hören nur Lieder auf Englisch, von denen wir meistens kein Wort verstehen und nur die Melodie nachträllern. Ich schwieg, aber ich rührte mich nicht, es war mir nicht möglich. Als wäre ich mitten auf dem Weg wie eine Pflanze aus dem Boden gewachsen. Das Wildschwein wandte den Kopf zur anderen Seite des Weges und überquerte ihn ganz langsam, ohne jede Eile, als wäre ich ihm völlig gleichgültig. Als gebe es mich gar nicht. Ich schaute ihm fasziniert hinterher. So etwas hatte ich noch nie gesehen. Allein im Wald. Wildschweine mitten auf dem Weg. Erst als das Wildschwein zwischen den Bäumen verschwunden war, rührte ich einen Finger, mit dem ich das Fläschchen hielt, dann habe ich einen Schritt gemacht, und dann war plötzlich eine Angst in mir, die ich damals nicht die Zeit hatte, mir zu erklären. Ein umsichtiger Schritt, was, wenn das Wildschwein im Gebüsch auf mich lauert und mich angreift? Es muss matt vor Hunger gewesen sein. Ich schaute mir die Bäume an. Da gab es keinen, der bei solch einer Gefahr geeignet gewesen wäre, vielleicht gab es in einiger Entfernung am Rande des Weges welche, die verzweigter waren, sodass man hinaufklettern konnte. Die hier waren alle dünn und ohne Seitentriebe. Ich trat auf etwas Spitzes, das mich stach. Als ich nachschaute, merkte ich, dass ich auf einen dornigen Zweig getreten war und leicht blutete. Es tat nicht weh, aber Opferblut zieht die wilden Tiere an. Tausende Kräfte strömten von allen Seiten auf mich ein, und als ich losrannte, hielt ich erst am Waldrand an. Ich habe das tote Wasser unterwegs nicht verloren, habe ein bisschen davon auf den Dornenstich geträufelt, der ohnehin schon lange nicht mehr blutete. Auch der ist mir sofort vergangen. Wer weiß, aus welchem Holz jene Baumhöhle war und was für Pflanzen darin lagen, das Wasser jedenfalls erwies sich tatsächlich als heilsam.

Als ich rannte, hatte ich mich nicht umgeschaut, vielleicht wollte mich ohnehin kein wildes Tier als Nachtmahl haben. Und das Wildschwein frisst Eicheln, unser Wald ist voller Eicheln, wozu braucht es dann mich! Es tat mir leid, dem Wildschwein nichts Interessantes gesagt zu haben. Vielleicht hätte es mich verstanden. Vielleicht hätte es mir erlaubt, näher zu kommen. Vielleicht hätte ich ihm sogar etwas auf der Hand zu fressen anbieten können, eine Eichel. Vielleicht war es krank, und es tat ihm etwas weh, sodass ich es hätte heilen müssen mit meinem Wasser. Es konnte auch allein die Stelle finden, denn ich hatte ihm noch genug heilendes Wasser übrig gelassen. Zu Hause habe ich die Brüder mit dem toten Wasser und im Namen des Wildschweins geweiht, das alle Hautabschürfungen und Krankheiten und Krämpfe vernichtet, sie mit seinen Hufen zerbricht und zermalmt und kleinstampft und verscheucht, sodass meine Brüder sonnengebräunt und blondköpfig, schön und gesund, sauber und erleuchtet bleiben.

Dann war ich noch einmal auf den Weg gegangen, wo mir das Wildschwein begegnet war, ich hatte die Schürze voller Eicheln, habe nach ihm gerufen, gelangte an die Pappel mit der Höhle im Stamm, an Lucians Quelle. Komm doch noch einmal, Wildschein, komm, ich bitte dich! Ich fürchte mich nicht mehr vor dir. Aber es kam nicht. Ich hoffe nur, die Jäger haben es nicht erwischt, und es lebt noch, es streift noch durch die Wälder und zeigt sich den gutherzigen Kindern. Ich habe es niemandem gesagt. Aber es wurde von noch einem Kind gesehen, von einem Jungen. Einem, der noch nicht zur Schule geht, er heißt Mielu. Er war nicht bei uns, als die Jäger kamen, und niemand glaubte ihm, alle lachten ihn aus, als er sagte, dass er das Wildschwein gesehen hat. Und weil niemand das Tier gesehen hatte, haben alle diese Geschichte vergessen und Mielu nicht geglaubt. Aber er hatte das Wildschwein gesehen, er hat es beschrieben, und es war genauso wie meines. Mielu sagte, er habe darauf reiten wollen, er habe es gefragt, darf ich auf deinen Rücken steigen, und das Wildschwein habe genickt, ja, er dürfe. Dann sei er auf das Wildschwein zugegangen, aber man habe ein Rascheln gehört, woraufhin sich das Wildschwein umgewandt habe und weggegangen sei. Es sei langsam gegangen, habe sich keinesfalls beeilt und sich auch nicht gefürchtet. Es war schwarz und groß. Auf dem Rücken habe es einen Höcker gehabt, so etwas wie einen kleinen

Hügel, anders als unsere Hausschweine. Die Kinder haben ihn ausgelacht. Aber ich wusste, dass Mielu der neue Prinz vom Horizont war, um den wir, die grünen Mädchen, in diesem Jahr herumtanzen würden. Nun müssen wir nur noch seine Prinzessin aussuchen. Auch wenn ich jetzt in den Wald gehe, denke ich an das Wildschwein. Ich bin mir sicher, dass wir uns noch einmal begegnen werden. Ich denke an den Unterschied zwischen einem Tier, das zu Hause oder im Zoologischen Garten im Käfig gehalten wird, und einem freien Tier. Wie viel Kraft und Größe strahlt das wilde Schwein aus, und wie viel Verachtung oder Ekel das faule Schwein in unseren Haushalten. Jenes war ein Schwein, in das man sich verlieben konnte. Auf dem auch ich einer Geschichte entgegengeritten wäre.

Gavriliță, das von uns ausgewählte Kind, war sehr sanftmütig, die Kinder zwickten, bissen oder schlugen ihn, er schrie und weinte vor Schmerz und Erniedrigung, und danach bat man ihn, einem einen Apfel zu bringen oder sein Spielzeug zu geben, und er tat es, Tränen in den Augen. Er war sanft wie ein Lämmchen, und darum hatte er sehr zu Recht den Spitznamen »Mielu« bekommen.

Mit seinem Blut musste ein großer Kreis gezogen werden, mit seinen Knochen ein kleiner, in dem nachts eine Kindfrau tanzen musste. Tanzen, bis Blut aus ihr floss. Die zwölf Mädchen mussten mit Steinen auf sie werfen, sie aber nicht umbringen, damit sich das heilige Opfer nicht mit dem verdorbenen

Opfer vermengte. Man musste sie entkommen lassen. Doch wer das Auge des auserwählten Kindes verschluckte, würde ein Engelsauge im Bauch tragen und die Prinzessin vom Horizont sein. Und die Geheimnisse der Erde sehen. Dies war nur eine Geschichte. Mir standen die Haare zu Berge, als ich sie gehört habe. Ich habe sie der Tochter der Lehrerin erzählt, und die erschrak vor diesem Szenario, sie stahl den Knaben und versteckte ihn, damit ihn Alisa nicht verzehrte. Als sein Vater ihn suchte, sagten wir, die alten Weiber hätten ihn gestohlen, um ihn zu verzaubern, wenn er schon so sanft und schön wie ein Mädchen ist, wollten sie sein Hähnchen in ein Vögelchen verwandeln. Tja, Püppchen, als sein Vater nun mit der kleinen Peitsche knallte, sahen wir ringsum Funken stieben, und er schoss sogleich los, seinen Jungen zu suchen, dabei bekreuzigte er sich die ganze Zeit und stieß Verwünschungen aus. Wir brachten Gavriliță, der immer noch sanft war, zurück und fragten ihn: Bist du der Prinz? Und er antwortete: Ja. Kannst du deine Prinzessin alleine finden? Er schwieg und senkte den Kopf. Sollen wir dir beistehen? Ja.

Sein Vater beruhigte sich, als er ihn sah, wir sagten, wir hätten uns einen Scherz erlaubt, aber wir stellten eine Tanz- und Gesangsgruppe zur Feier des Dorfes zusammen, wenn alle Eltern kommen, würde auch Gavrilițăs Mutter aus Spanien zurückkehren, ebenso wie viele von unseren Müttern. Wir werden schön singen, und sie werden sich freuen, dass sie solch brave, fleißige und talentierte Kinder haben. Jetzt aber müssten wir proben, wir würden auch Sorge tragen, dass niemand Gavriliță schlägt. Und niemand werde sein Hähnchen in ein Vögelchen verwandeln.

Alisa hat den Platz gefunden. Wir haben saubergemacht und die Pflanzen gepflückt. Jedes Mädchen aus dem Dorf sollte ein anderes Kraut mitbringen. Die Mädchen aus der Stadt oder aus anderen Dörfern, die ihre Neffen und Nichten besuchen gekommen waren, können reife Früchte mitbringen, unbedingt süße. Zwölf größere und kleinere Mädchen, aber keine davon eine Frau. Die tanzende Frau, aus der das Blut rinnen wird, sollte Veronica sein. Wir trugen Reisigstöcke für das Feuer zusammen und brachten einen Kessel, die Kräuter darin zu kochen. Ich habe ein giftiges Kraut gepflückt, das sonst niemand pflückt, auch niemand aussät oder gar isst. Aber ich vermag selbst die schwarze Tollkirsche zu bitten, gut und nicht verrückt zu sein, uns etwas zu geben und nicht zu nehmen, uns zu erleuchten und zu wärmen, und uns nicht zu verfinstern und zu kühlen. Etwa vier Mädchen waren fremd, Nichten von anderswo her. Zwei Mädchen brachten sehr schöne Blumensträußchen mit, nicht Heilkräuter, Alisa sagte, das sei gut so, so gehöre es sich. Ein Mädchen, das einen Sarafan trug, brachte Konfitürerosen, die waren nicht sonderlich schön, aber sie dufteten stark. Das Mädchen hatte außer seinem schönen Sarafan mit blauen Kreisen zwei blonde Zöpfchen und weiße Socken. Auch war sie die Kleinste, passte also bestens zu Gavriliță. Wir ahnten, dass die Wahl auf sie fallen würde. Wir tanzten um das Feuer, dann um den Kessel, dann um Veronica, dann um Gavriliță, dann schmiegten er und seine Prinzessin sich aneinander, und wir kreisten lange, lange um sie herum. Veronica hatte nur ganz kurz getanzt, als schon das Blut auf den Boden tropfte. Wir haben nicht mit Steinen auf sie geworfen. Sie hatte ein kurzes Hemdchen an und bewegte sich wie eine Schlange, dabei schaute sie wie ein Fuchs und zerschnitt die Luft wie ein Adler, während wir mit den Füßen aufstampften, damit sie den Rhythmus hörte und hemmungsloser tanzte. Dann aber ging Veronica, sie durfte nicht sehen, was nun folgte, denn sie war befleckt. Von uns war noch keine befleckt. Alisa war ein Jahr älter als ich, aber auch sie hatte ihren Zyklus noch nicht.

Gavriliță haben wir allein in den Wald geschickt. Dann kam er zurück, drehte sich im Kreis, trat auf Veronicas Blut, roch die Dämpfe und wählte den Sarafan. Seine Prinzessin war eine Städterin, und sie war weiß und zart, reinlich und brav. Als wir ihr ihre schönen Kleider auszogen – wie Puppenkleider –, hat sie sich nicht widersetzt. Danach haben wir auch den Knaben ausgezogen und haben sie beide ins Gras gelegt, dort sollten sie aneinandergeschmiegt liegen bleiben. Dann haben wir sie im verzauberten Wasser gewaschen und sie wieder ins Gras gelegt, dann nochmal ins Wasser. Ich erinnerte mich, wie ich Fedoraș' Prinzessin war. Wir hatten keinen Kessel mit duftenden Kräutern, auch kein Blut, heutzutage sind die Zeiten härter, und man muss sich größere Mühe geben. Mich haben sie auf den Rasen des Stadions gelegt, Fedoraș war brav und ergeben, genauso wie Gavriliță. Er legte sich auf mich, und wir blieben lange so liegen, reglos, klebten aneinander, eine Ewigkeit. Die grünen Mädchen, etwa zehn, ernsthaft, die Stirnen in Falten gelegt, hatten einen Kreis um uns gebildet und waren erstarrt. Ich kannte nur eine von ihnen, eine ältere Cousine, die mich zu dem Ritual eingeladen hatte. Sie hatten gewusst, dass Fedoraș mich auswählen würde. Von unten her, aus dem Gras, kamen sie mir unendlich groß vor, obwohl, wenn ich das anhand des Alters meiner Cousine bedenke, die jetzt Studentin ist, so mochten auch sie damals Mädchen von elf bis zwölf Jahren gewesen sein. Warteten sie auf ein Wunder? Wie endete damals das Ritual? Ich glaube, damals kam jemand dort vorbei, dem diese Versammlung verdächtig vorkam, er mag gefragt haben, »was treibt ihr dort?«, die Mädchen werden einen Schrecken bekommen haben, sie zogen uns rasch an und schickten uns nach Hause. An das Ende kann ich mich nicht erinnern. Ich bin oft dort vorbeigegangen, das Gras war vertrocknet, das Stadion wirkte verlassen. Ich suchte nach der Stelle, an der ich nackt gelegen und einen Jungen umarmt hatte. Wollten die Mädchen damals etwa dort warten, bis ich vor ihren Augen gebar? Das ist vor langer Zeit geschehen, vor sehr langer Zeit. Nun wuschen wir zwei Kindern das unreine Blut ab, reinigten den Boden ringsum und wünschten ihm Fruchtbarkeit und Regen, denn es kommen die Hundstage, wir baten ihn, uns vor Dürre zu bewahren und vor Seuchen, und dass er unsere Eltern heimbringe, damit jemand da ist, der neue Kinder macht und sich um die alten, aber noch kleinen Kinder kümmert. Und dass unsere Fluren in Gottes Segen verbleiben, Samen tragen und Ernten erbringen und ihrer Güte nicht verlustig gehen mögen.

Als Erste ist das Mädchen gegangen, die Sonne versank schön und gemach, als habe auch sie Gefallen an unserem Ritual und warte darauf, zu sehen, wie es endete. Dann haben wir den Knaben angezogen und ihm gesagt, er solle das Mädchen einholen, es an der Hand nehmen und bis an ihr Gartentor begleiten, auch sollten sie unterwegs von unseren süßen Früchten essen. Gavriliță war sehr ernst und tat alles genau so, wie wir es ihm gesagt hatten. Das Wasser war ausgekühlt, und wir haben unter dem Kessel wieder ein kleines Feuer angezündet. Das erste Mädchen hat sich ausgezogen, und wir haben es in den Kessel gehoben. Sie hatte lange Haare, und das Feuer hätte sie ihr versengen können. Wir waren zu groß für den Kessel, passten kaum hinein. Wir haben uns der Reihe nach ausgezogen und sind in das warme, duftende Wasser gestiegen. Danach haben wir uns wieder angezogen, je eine Frucht genommen und sind gegangen. Alisa war als Letzte geblieben, ich habe auf sie gewartet. Wir haben den Kessel gepackt, das Feuer gelöscht und ein paar Früchte für die Bewohner des Waldes liegen lassen, die nicht so oft die Gelegenheit haben, süße Leckereien zu essen, mögen auch sie sich über unsere Anwesenheit auf ihrem Gebiet freuen. Auch für uns blieb noch je eine Frucht übrig, die anderen haben wir im Gras verstreut. Den Kessel haben wir zu Alisa getragen. Es war ein verzauberter Kessel, den ihre Großmutter benutzte. Er war sehr groß, aber wir trugen ihn mit Leichtigkeit. Die Großmutter hat auf uns gewartet und uns je einen Apfel gegeben, dann hat sie mir noch mehr gegeben, in einem Korb, damit ich sie den Brüdern mitnehme, auch hat sie etwas hineingelegt, das eingewickelt war, zu Hause habe ich gesehen, dass es einer jener guten Zopfkuchen mit Nüssen war, wie wir ihn bei unserer Großmutter zu Ostern gegessen haben, als sie noch gesund war.

Das Warten ist wie ein kleines Tier, weder ein Haustier noch ein wildes Tier, mal brav und schläfrig, mal böse und entfesselt, und immer der Überlegung und den beruhigenden Gedanken voraus.

Wir müssen noch ein bisschen warten, dieses bisschen ist immer schwerer zu ertragen, zu erdulden, zu erleiden. Schwer, dass es uns zu Boden zieht, und vor Sehnsucht gehen wir gebeugt. Selbst Mama kann solches nicht verstehen. Ich aber, wenn ich sehe, wie meine Brüder die Fotos der Eltern anschauen, fühle eine Tonne Tränen in meinem Bauch, ließe ich sie heraus, sie würden das ganze Dorf überschwemmen.

Mein Warten, wie ein gewaltiger Blumenstrauß, größer als ich selbst, wunderbar duftend, bunt, gepflückt auf allen unseren Hügeln, den man Mama bringt, aber Mama ist nicht zu Hause. Du gehst hinein und rufst: Mama! Aber niemand antwortet. Feldblumen, im ganzen Haus verstreut, auf allen sauberen, den frisch gefegten Teppichen. Ein zärtliches und ergebenes Warten.

Dans Warten, wie ein hin und her springender Ball, der alle Ecken und Winkel kennengelernt hat, das Gemüse im Nachbargarten niedergemacht hat, von irgendjemandes Hund geschnappt wurde, der seine Zähne hineinbohren wollte, es aber nicht schaffte. Ein junges Warten, das sich nicht geschlagen gibt und nicht ermüdet. Ein verärgertes und ungeduldiges Warten.

Marcels Warten ist wie die Milch, die überläuft, der Topf kann sie nicht mehr fassen, und sie rinnt auf die Herdplatte. Wie die schwarzen Wolken, die unerwartet heranwehen, sie bedecken den ganzen Himmel und regnen hastig. Wie eine Invasion von Grillen oder Heuschrecken im Weizenfeld, die nichts mehr zurücklassen. Ein hungriges und kategorisches Warten, ohne Einspruchsrecht.

Unser Warten, wie eine unterdrückte Krankheit, ein beharrliches Virus, das nur in der Nähe der Eltern verschwindet. Dan sind Fieber und Husten vergangen, als Mama nach Hause kam. Ich hatte Angst, wir könnten uns bei ihm anstecken, aber uns ist nichts geschehen, weder mir noch Marcel. Es reicht, dass die Eltern nach Hause kommen, und wir sind auf der Stelle gesund. Das Warten, wie der Regen nach der Dürre. Wir sind ein paar vor Sehnsucht vertrocknete Kinder. Wie ein ausgetrocknetes Flussbett. Wir sind beim langen verantwortlichen und erwachsenen Warten gealtert, und wenn Mama kommt, werden wir wieder Kinder.

Vor ein paar Tagen hat Marcel seinen Schemel gebracht, hat ihn auf die Schwelle des Hauses gestellt und hat sich wie im Kindergarten, die Hände auf den Knien und das Gesicht zum Tor, hingesetzt und zu warten begonnen. Aber Mama und Vater können in einem Monat erst kommen, vielleicht auch später, abhängig davon, wann Großmutter stirbt. Im Fernsehen gibt es einen Zeichentrickfilm, komm, lass uns ihn anschauen, fordert ihn Dan auf. Schau, was für eine rotbäckige Aprikose, siehst du, wie schön die in den Anhänger des Traktors passt, und wir bringen sie Marcel, schau, wie schön wir mit deinen Fahrzeugen spielen. Aber Marcel hört und sieht uns nicht, als hätte er mitsamt seinem Schemel dort auf der Schwelle Wurzeln geschlagen, schaut er mit leeren Augen ins Weite, während in ihm und um ihn eine Welt ersteht, zu der wir keinen Zutritt haben.

Als ich klein war, träumte ich, an den Horizont zu gelangen. Ich stieg auf Leitern und blickte in der Richtung, in die man schauen konnte, zum Rand der Welt. Ansonsten waren alle Seiten von Bäumen verstellt und hohen Zäunen. Ringsum gab es Häuser, aber irgendwo, ganz weit weg, konnte man grüne Hügel sehen, gelbe Täler, dann wurde alles bläulicher, bis es mit dem Himmel verschmolz. Am Horizont hatte jemand drei Nussbäume gepflanzt, und das waren meine Bezugspunkte. Wenn man sich dem Horizont nähert, merkt man nicht, wie nahe man dem Rand der Welt kommt. Du steigst den Berg hoch, und Schluss, du bist auf der anderen Seite und überhaupt nicht aufgeregt. Die Nussbäume aber stehen da als Zeichen dafür, dass du dort angelangt bist, wo du dich hingeträumt hattest.

Vater ist auf mich zugekommen, erst hat er nichts gesagt, wollte erraten, wo genau ich hinschaute, er schaute in die gleiche Richtung wie ich und hat nichts gesehen.

Wo schaust du hin?

Ich schaute zum Horizont, aber zu ihm sagte ich, ich schaue zu den drei Nussbäumen. Denn eines Tages möchte ich in ihrem Schatten sitzen. Damals ging ich noch nicht zur Schule, es war Sommer, und ich sollte erst im Herbst in die erste Klasse kommen.

Nun ja, wir haben in der Nähe dieser Nussbäume ein Weizenfeld, auf dem von den Großeltern geerbten Acker. Wir können mal an einem Sonntag hingehen, aber du darfst nicht jammern, dass dir die Füße wehtun. Es ist ziemlich weit, wir werden einen halben Tag gehen müssen.

Nein, ich werde nicht weinen. Nimm mich mit, bitte.

Vater hat mir gesagt, dass die Berge wegen der unterschiedlichen Bepflanzung verschiedene Farben haben. Der Wald und die Wiesen sind grün, der Mais, wenn er wächst, wird dunkelgrün, und jetzt im Sommer fängt er schon an, sich gelb zu färben, während der Weizen gelb und der frisch geackerte Boden schwarz oder bräunlich ist. Und je weiter weg der Boden ist, umso mehr nähert er sich der Farbe des Himmels an.

Ich habe ihn nicht gefragt, warum die Nussbäume so blau sind.

Schau, siehst du, welche Farbe unser Nussbaum am Tor hat und welche Farbe die drei Nussbäume haben, auf die du schaust?

Die dort sind schöner, denn sie sind blau. Oftmals kommen einem die ferneren Orte schöner vor, aber je näher man ihnen kommt, umso gewöhnlicher werden sie.

Aber die drei Nussbäume hüten den Rand der Welt, sie sind wie die Soldaten.

Es sind Nussbäume mit steinernen Nüssen, alle drei, man kann ihre Schale nur sehr schwer aufknacken, bis du an den Kern kommst, klopfst du dir die Seele aus dem Leib. Aber manchmal lohnt es sich. Eine steinerne Nuss ist auch nach fünf Jahren noch essbar. Die Bäume tragen ganz wenige, aber sehr große Nüsse.

Um an den Horizont zu gelangen, sind wir ganz früh am Morgen aufgestanden, wir haben uns das Gesicht gewaschen und viel gefrühstückt. Ich habe zwei Scheiben Butterbrot gegessen, ein Ei, und Vater hat mir noch eine Scheibe Brot mit Konfitüre bestrichen.

Iss auch die, denn wir haben einen weiten Weg.

Mama hat uns Käsebrote und eine Flasche Wasser in den Rucksack gepackt. Sie hat auch noch eine Zwiebel für Vater hineingetan, er sagt, die auf dem Feld verspeiste Zwiebel ist freundlicher, zarter und süßer. Und wenn man sie auf einem Berggipfel isst, ist sie gesünder, man bekommt das ganze Jahr über keine Erkältung.

Wir gingen langsam bis an den Dorfrand, damit der Magen in Ruhe arbeiten konnte. Die gedrängt beieinanderstehenden Häuser blieben zurück, die Luft wurde dünner, und ringsum war die Musik der Grillen und Vögel der Ebene zu hören. Wir verließen das Dorf, und vor uns Berge und wieder Berge, dazu die drei Nussbäume am Horizont.

Wir überquerten die asphaltierte Landstraße, auf der die Autos nach Chișinău, Bălți, Orhei fahren, zu allen Städten Moldawiens. Dann überquerten wir den Bach, der schon lange ausgetrocknet ist. Nicht einmal Vater hatte ihn wasserführend erlebt. Zur Kriegszeit floss da Wasser, aber in den Hungerjahren ist er ausgetrocknet. Die Leute haben das Wasser abgeleitet, um die Fische zu fangen, und so ist es nur noch beim Namen des Baches geblieben. Es gibt sogar kleine Stege darüber.

Wir kamen bei der Sennerei vorüber, und Vater fragte, ob unsere Schafe und Ziegen sich gut benehmen und genügend Milch geben. Sie geben ebenso viel wie die anderen Tiere. Die Ziegen sind ziemlich anstrengend. Ungestüm, frech, wenn man nicht den ganzen Tag hinter ihnen her ist, findest du sie gewiss im Maisfeld der Leute. Im nächsten Jahr nehme ich keine Ziegen mehr auf, die plagen einen zu sehr. Vater fragte auch, wann wir mit dem Käse an der Reihe sind. Der Hirte überschlug es im Kopf, so etwa in zwei Wochen, dann wird auch die Milch fetter sein, denn das Gras trocknet bei dieser Hitze. Die Schafe und Ziegen werden jeden Tag gemolken, und die Milch wird an die Leute verteilt, denen die Tiere gehören. Der Hund, der uns wie eine Bestie verbellt hatte, beruhigte sich, als ich ihm ein bisschen das Fell gekrault hatte, er warf sich auf den Boden und reckte die Pfoten hoch.

Hast ein gutherziges Mädchen, sagte der Hirte. Mein Hund spürt das, der hütet von klein auf die Schafe. Vater verabschiedete sich, und wir gingen weiter. Ich fragte Vater, ob auch die Schafe gutherzig sind, Vater hat gelacht. Ein Hund, der Schafe hütet, ist gescheiter als einer, der sein ganzes Leben an der Kette gehalten wird, dem kann man glauben, wenn er einen Feind verbellt oder wenn er sich an der Seite eines guten Menschen räkelt.

Dann haben wir den großen Fluss überquert. Wir sind über die Brücke gegangen, darunter farbig-bunter Müll. Der große Fluss führte wenig Wasser, er war noch nicht ganz ausgetrocknet, aber Vater sagte, in längstens zwei Jahren wird auch dieser nur noch ein Tal sein, genauso wie der Bach. Unter der Brücke werfen die Leute ihren Müll weg, da versammeln sich schon mal die Banditen und stechen ein vom Schäfer gestohlenes Schaf ab oder einen ihrer Feinde. Die Brücke ist nicht eingestürzt und wirkt haltbar. Das Wasser wird versiegen, aber die Brücke wird ungerührt dortbleiben. Sie ist in sowjetischen Zeiten gebaut worden, als die Steine noch Steine waren und die Ziegel noch Ziegel. Heute wird alles imitiert, ist dünn und billig und zerfällt bald, nichts ist mehr haltbar. Heute malen die Leute auf ihre Zäune und Hauswände Steine und Ziegel, aber früher waren sie aus Steinen und Ziegeln gebaut. Ein Auto ist vorbeigefahren und hat uns völlig eingestaubt. Es hat eine graue Wolke hinter sich aufgewirbelt.

Dann gelangten wir zum Dorfteich, der in einem Tal lag und den wir deshalb von unserem Haus her nicht sehen konnten. Und vom Dorfteich aus konnte ich auch die Nussbäume nicht sehen. Vater sagte, sie werden wieder auftauchen, wenn wir höher steigen. Wir haben noch drei Hügel vor uns, und dann sind wir da. Im Dorfteich angelte niemand. Auch badete niemand. Früher war da immer ein solches Durcheinander. Im Teich gab es einen Wirbel, und selbst einige der besten Schwimmer ertranken dort, so alle drei bis vier Jahre mal einer. Jetzt hat ihn einer gekauft, und alles ist verboten. Er bewacht ihn mit der Flinte. Vater hat einen Stein gefunden und ihn so geworfen, dass er ein paar Mal sehr schön über das Wasser hüpfte, platsch-platsch. Er hat auch mir einen Stein gegeben, und ich habe ihn ohne platsch-platsch geworfen, aber er hat viele Wellen gemacht. Wasser gab es genug im Teich, und es war klar. Wir haben einen kleinen Frosch gesehen, Fische haben wir überhaupt keine gesehen. Vater hat gesagt, ich soll die Arme bis zu den Ellbogen ins Wasser strecken, um

Kräfte zu sammeln für den weiteren Weg, damit ich schneller gehen kann. Vielleicht sollte ich mit den Füßen ins Wasser treten und ein bisschen darin herumlaufen, denn ich bin schließlich mit den Füßen gegangen, nicht mit den Händen. Vater sagte, die Arme ja, die Beine nicht, denn ich könnte mich erkälten. Das Wasser war sehr kalt. Ich trank Wasser aus der Flasche, obwohl ich nicht wirklich durstig war. Aber als ich sah, wie viel Vater trank, kriegte ich Angst, er könnte alles trinken und nichts mehr für mich übrig lassen. Möchtest du auch? Ja, sagte ich und habe ein wenig getrunken, und was dann noch übrig war, hat Vater über dem Gras ausgegossen. Ganz in der Nähe gibt es eine Quelle mit tränenklarem Wasser, dort füllen wir die Flasche wieder. Dann haben wir den Dorfteich verlassen und uns auf einem Hügel niedergelassen, um auszuruhen und unser Dorf zu bewundern. Man sah die beiden Flüsse, den einen mit Wasser und den anderen ohne, die Brücke mit den wie kleine Berge aussehenden Müllhaufen, die Schäferei mit den reglosen Schafen, sie ruhten sich aus, den großen Teich, die winzigen Häuser und den Wald, der sie wie ein kaiserlicher Mantel umgab.

Wie schön!, sagte ich.

Schau, unser Haus, schau, unser Nussbaum. Vater wies mit einem langen trockenen Grashalm, einem vorjährigen Feldhirsenhalm, auf den Nussbaum. Obwohl er sehr weit weg war, hatte sich der Nussbaum an unserem Tor nicht blau verfärbt, er war grau. Nicht wie die Nussbäume am Horizont.

Wieder auf dem Weg.

Mal sehen, ob die Johannisbeeren schon reif sind, aber geh schnell, du pflückst nur die großen Beeren, nur so viele, wie in deine Tasche passen. Wenn deine Tasche voll ist, hörst du auf, denn auch ich werde welche pflücken, nur was du unterwegs essen willst, und für Mama werden wir auf dem Rückweg welche pflücken, damit uns hier nicht die Mittagssonne erwischt. Wir werden uns im Wald erfrischen, im Schatten, wenn die Sonne anfängt zu brennen.

Was für ein schönes Dorf wir haben! Sag, Vater, ist unser Dorf das schönste Dorf auf der Welt?

Für uns wohl, aber für unsere Nachbarn ist deren Dorf das schönste auf der Welt.

Alle unsere Dörfer sind beinahe gleich, alle haben sie Dorfteiche, Wälder, Schäfereien mit Schafen. Unser Fluss mündet in den Răut, aber bis er dorthin gelangt, fließt er noch durch etwa zwanzig weitere Dörfer, und allen ist er lieb, und in jedem Dorf hält man ihn für den eigenen Dorffluss. Und manch ein Dorf hat sogar einen größeren Fluss, ältere Wälder und steilere Berge, wie die Felsen an der Meeresküste.

Die Johannisbeersträucher standen in langen Reihen, deren Ende nicht abzusehen war. Vater begann in einer Reihe, ich in der anderen, und wenn ich zurückblieb, rief Vater nach mir, komm, mach schneller. Auch sagte er: Hier sind die Johannisbeeren reifer, als ginge auch ich in seiner Reihe. Die Sträucher waren viel höher als ich, aber unten, in Hüfthöhe, gab es mehr reife Beeren als oben in den Spitzen. Ich fand auch Gewächse mit orangen und rosa Beeren, aber Vater sagte, die schwarzroten Sträucher seien die besten. Auch gab er mir einen Brotkanten, damit ich nach den Johannisbeeren etwas esse, denn die sind ziemlich säuerlich, und davon bekommt man Hunger. Er aber hat nicht davon gegessen. Nach den Johannisbeeren kamen wir an die Quelle. Wir tranken ein bisschen und füllten die Wasserflasche. In den Stein hatte jemand das Jahr 1978 eingeritzt, damals hatten sie die Quelle mit Steinen eingefasst, sie schön gemacht, aber das Wasser sprudelte hier schon sehr viel länger, es ist die älteste Quelle des Dorfes, hier fließt das Wasser schon seit Menschengedenken.

Nun hatten wir nur noch einen Berg vor uns. Dort ist unser Weizen. In diesem Jahr bringt er einen guten Ertrag, wir werden Geld für den Mähdrescher brauchen. Technik und Arbeit kosten mehr, als die Ernte wert ist. Und wieder waren meine blauen Nussbäume nicht zu sehen.

Wir sind im Tal, deshalb kannst du sie nicht sehen. Ich gehe zum Weizen, und du gehst diesen Weg geradeaus weiter, gehst und schaust dir die Nussbäume an. Wenn du hinaufsteigst, gelangst du zum Horizont.

Ich dachte, du weißt es nicht.

Dachtest, dein Vater ist dumm. Wenn du ankommst, sagst du das *Vaterunser* auf, bekreuzigst dich dreimal und denkst an die Gesundheit unserer Lieben. Geh nicht zu schnell, damit du nicht ermüdest. Es scheint nahe zu sein, ist es aber nicht. Ich werde im Wäldchen auf dich warten. Gelangst zum Horizont, siehst die Nussbäume, dann steigst du den Weg wieder herab, geradeaus ins Wäldchen. Wenn du etwas willst, rufst du nach mir, denn ich höre dich. Bring auch ein, zwei Nüsse mit, damit wir sehen, ob sie schon essbar sind. Ich habe das Taschenmesser dabei.

Der Horizont war vor den Nussbäumen. Besser gesagt, die Nussbäume standen am Wegrand, und der Weg verschwand hinter dem Horizont.

Von hier aus war der Horizont ein Berggipfel wie alle anderen, die wir bis hierher bestiegen hatten. Ich gehe und gehe, fertig, ich komme an. Ich habe die Augen geschlossen und mir den Flur vor unserem Haus vorgestellt, den Rand der Berge, fern und unzugänglich. Ich schlug die Augen auf und habe die Linie gesehen, an der sich die Erde mit dem Himmel vereint. Ich habe den Arm ausgestreckt und einen Finger über den Horizont erhoben, mein Finger, wie ein kleiner, hutloser Pilz. Ich bin da! Ich befinde mich auf dem Gipfel des Berges, genau auf der Linie, die den Himmel von der Erde trennt. Wenn man auf den Horizont tritt, erscheint er einem nicht mehr wie ein Rand, ich stand in der Mitte. Auf jenem Berggipfel befand ich mich inmitten der Weizenfelder, und mein Dorf nebst allem, was es umgab, unterschied sich beinahe überhaupt nicht von dem anderen kleinen Dorf auf der anderen Seite des Horizonts. Auch dort umgaben grüne Wälder das Dorf, kleine und gewundene Wege schlängelten sich zwischen den Häusern hindurch, zwei kleine Teiche, ein Fluss fließt auch durch jenes Dorf, ich weiß nicht, ob es unserer oder ein anderer ist. Auf dem Gipfel jenes Berges habe ich einen anderen Horizont gesehen. Er war beinahe gleich weit weg wie der, den ich mir von unserem Hausflur her erträumt hatte. Mit grünen, gelben und blauen Bergen und mit klaren Kanten, die den Himmel von der Erde schieden. Dies war meine Entdeckung. Für den nächsten Horizont bin ich noch zu klein und auch schon zu müde. Ich begnüge mich mit diesem Horizont. Ich setzte mich in den warmen Staub und schaute ringsum, schaute zu dem anderen Dorf, werde Vater fragen, wie es heißt, dann schaute ich in den Himmel. Bei uns zu Hause im Hof ist oben die Luft, während hier der Himmel ist, weit, rein, ohne Verunreinigungen, Dächer oder schattige Bäume. Als säße ich direkt im Himmel. Auch weht ein Lüftchen, das mich kühlt. Vater ruft nicht nach mir, auch mag ich nicht, dass er nach mir ruft. Die Nussbäume am Horizont sind trotzdem blau, vielleicht von so viel Himmel. Ich schaute auf das Wäldchen, in dem sich Vater untergestellt hat. Am Horizont gehört alles dir. Alle Felder ringsum, der reine und heitere Himmel, alles war meins. Vor so viel Reichtum hatte ich keine Luft mehr in der Brust. Ich war erst sieben Jahre alt, aber mir war, als hätte ich das gleiche Alter wie Vater. Ich war groß, war stark, war glücklich. Ich hatte den ersten Horizont meines Lebens erobert.

Meine Brüder suchen vom Hausflur aus keinen Horizont. Ich kann ihnen nicht einmal sagen, dass es ihn gibt. Vielleicht sind sie noch klein. Es gibt Dinge, zu denen gelangt man allein, ohne Ratschläge, Hinweise und allerlei vorgekaute Antworten. Wenn du ihn nicht sehen willst, wenn du ihn nicht suchst und von ihm träumst, ist der Horizont ein Wegrand und nicht mehr.

Lucian hat mich angerufen. Er wusste, dass es mir niemand gesagt hat. Großmutter ist gestern früh gestorben … Ich weine, und ich weiß nicht einmal, ob ich vor Leid und wegen Großmutter weine oder vor Freude, dass endlich Mama und Papa nach Hause kommen werden.